VIVIR DE RENTA
A 40 AÑOS
EN BRASIL

VIVIR
DE RENTA
A 40 AÑOS

EN BRASIL

 Edición 2010
© Copyright Brazil Real Property 2010
Todos los derechos se reservados

ISBN   978-1-4461-2419-2
90000

GAROTA DE IPANEMA

Olha que coisa mais linda,
Mais cheia de graça
E ela menina
Que vem que passa
Num doce balanço
Caminho do mar

Moça do corpo dourado
Do sol de ipanema
O seu balançado
E mais que um poema
E a coisa mais linda
Que eu já vi passar

Ah, porque estou tão sozinho
Ah, porque tudo e tão triste
Ah, a beleza que existe
A beleza que não é só minha
Que também passa sozinha

Ah, se ela soubesse
Que quando ela passa
O mundo sorrindo
Se enche de graça
E fica mais lindo
Por causa do amor

Vinicius de Moraes / Antonio Carlos Jobim (O Maestro)

NIÑA DE IPANEMA

Mira esto lo
Más llena de gracia
¿Es ella una niña, que va y viene
En un columpio dulce, el camino hacia el mar
chica de oro el cuerpo del sol de Ipanema
Su movimiento es más que un poema
Es la cosa más bella
Yo he visto ir
Ah, ¿por qué estoy tan solo?
Ah, ¿por qué es todo tan triste?
Ah, la belleza que existe
La belleza no es sólo mi
Eso también va solo
¡Ah, si supiera
Que cuando ella pasa
La maldición del conjunto del mundo se llena de gracia
Y se hace más bella a causa del amor

Vinicius de Moraes / _Antonio Carlos Jobim_ (O Maestro)

ÍNDICE

•APARTARSE EN BRASIL A 40 AÑOS   11
•DOWNSHIFTING   13
•LAS CLASES DE RENTA EN BRASIL   15
•TRASLADARSE A BRASIL   16
•¿CUÁNTO CUESTA VIVIR EN BRASIL?   26
•¿CUÁNTO SE AHORRA VIVIENDO EN BRASIL?   38
•¿GANAR INVIRTIENDO EN BOLSA O EN INMUEBLES?   39
•LOS FALSOS MITOS DE BRASIL   41
•¿CUÁLES SON LOS MAYORES OBSTÁCULOS PARA
  QUIENES SE TRASLADAN A BRASIL POR NEGOCIOS?   42
•El 37,5% DE GANANCIA   42
•¡ES CRISIS NEGRA!   44
•VIVIR DE RENTA   62
•SALIR DE LA DEUDA   68
•¿HAS DECIDIDO HUIR DE EUROPA?   71
•LA SOCIEDAD QUE CAMBIA   74
•CAMBIAR VIDA SE ENCUENTRA NUESTRO ALCANCE   76
•CONSEJOS PARA CAMBIAR DE VIDA   83
•COMO SALVAR LOS PROPIOS AHORROS EN EUROS
Y GANAR EN BRASIL   89
•GANAR UNA RENTA FINANCIERA EN BRASIL   92
•GANAR PUNTANDO SOBRE EL REAL BRASILEÑO   96
•CIUDADES DE BRASIL   97
•¡BASTA YA! ESCAPO Y ME ABRO UN BARCITO!   110
•LA POUSADA   116
•TESTIMONIOS "VERDADEROS" DE EUROPEOS
 QUE VIVEN EN BRASIL   119
•GANAR EN BRASIL CON EL HELADO   143
•HOSPEDAR EN EUROPA A UNA CHICA BRASILEÑA   147
•BRASIL-EUROPA: EL ADELANTAMIENTO   150
•EL SIGLO XXI ES EL SIGLO DE BRASIL   152
•REAL BOOM, EURO EN PICADA   156
•EL LLAMADO "PERMISO DE RESIDENCIA"   160
•VISA PERMANENTE POR BODA   161
•ENCAMINAR UNA ACTIVIDAD ECONÓMICA   167
• BRASIL ADELANTE CON LA CARGA DEL G20   169
•¡LOS BRASILEÑOS…LOS NUEVOS ÁRABES!   172
•¡ES RIO! EN BRASIL LAS OLIMPIADAS DEL 2016   184

•EXPO SHANGAI2010: PABELLÓN DE BRASIL   186
•LA FRUTA DE BRASIL   187
•CONTACTOS   198

PREFACIO

La globalización que prometió, después del derrumbamiento de la unión Soviética y el consiguiente fin de la guerra fría, un período de pax augustea, no ha faltado de revelar el enésimo engaño: y el mundo vuelve a ser para pocos potentes elitarios el tablero de juegos de estrategia geopolítica cada vez más penetrante; nosotros los peones sacrificales a menudo ignaros del juego.

En este escenario en rápido cambio, es más que nunca fundamental entender dónde el mundo está yendo... o mejor ¡DÓNDE, EN EL MUNDO ES MEJOR IR!

Con este nuevo trabajo editorial queremos consolidar la opinión, avalorada por experiencias personales, que Brasil todavía está entre los pocos países en crecimiento al mundo y es sobretodo una de las últimas fronteras dónde construir un futuro posible.

¡Brasil es mágico! ¡El paraíso está aquí!

Paraíso, gracias a sus bellezas naturales, a la sonrisa y a la natural cordialidad de la gente, a la buen comida, a 365 días de sol al año, a la atmósfera y las sensaciones que se viven aquí.

"VIVIR DE RENTA EN BRASLE A 40 AÑOS"

Con esta nueva guía práctica queremos compartir este lugar mágico junto a Vosotros.
¡El paraíso existe!

APARTARSE EN BRASIL A 40 AÑOS

Uno de los problemas mayores con que se estrella quien planea de trasladarse a Brasil es aquel del trabajo. Recibimos cotidianamente solicitudes de amigos que preguntan si su experiencia de trabajo en Europa puede servir aquí en Brasil.

Antepuesto que Brasil es un "continente" con notables diferencias económicas entre el sur y el norte, y que la mayoría de los europes quiere trasladarse al nordeste de Brasil (desde Bahia en alto para entendernos) he aquí que el asunto del trabajo se convierte en un auténtico... problema.

A diferencia que en Europa el norte es industrialmente y económicamente la parte menos desarrollada y se sostiene con la subsistencia del gobierno federal, la agricultura, la cría del ganado y el turismo.

Pues, a menos que no tengáis experiencia en estas áreas, resulta muy difícil encontrar un trabajo. De hecho la mayoría de los europeos trabajan en el sector turístico (Hotel) pousade, restaurantes, bar, alquiler de coches, producción o importación de productos comestibles típicos, alquiler, venta y construcción de inmuebles a predominante destino turístico, etc..

Existe sin embargo un camino completamente nuevo para solucionar el problema del trabajo. Este, a diferencia de los otros no solicita grandes inversiones en aparejos pero una modesta inversión en know how y, como en todas las actividades, tanta determinación, sobre todo en la fase inicial.

Pero vamos con orden. No se se despierta ante todo una mañana y se decide mandar todo a aquel país y trasladarse al calor en la ribera del mar paladeando coco verde bien helado.

El proceso generalmente es largo y es importante dominarlo para no tomar decisiones presurosas.

El fenómeno del *downshifting,* o reducir la marcha, puede ser la base del método para apartarse antes que llegue la vejez y por consiguiente se engrane otra marcha... ¡la fúnebre!

En nuestro caso tenuamos alrededor de 20 años cuando decidimos que a 30 años nos habríamos trasladado a alguna parte en los trópicos.

Aconsejamos a todas las personas que en serio pensando piensan trasladarse a Brasil de informarse sobre el *downshifting* porque os puede ayudar a alcanzar antes vuestro objetivo.

En el próximo capítulo empezaremos a hablar de los métodos para ganar aquello que sirve para apartarse en Brasil gracias al programa de simplificación del estilo de vida ya conocido como *downshifting*.

DOWNSHIFTING

Sencillez voluntaria es, en idioma español, el neologismo que define aquello que, principalmente en el mundo anglosajón, es llamado dentro del mundo del trabajo el *downshifting*, parte integrante del más vasto concepto del *lifestyle*, el estilo de vida o simple living, del vivir en sencillez. La elección de parte de muchas figuras de trabajadores, particularmente profesionales, de llegar a una libre, voluntaria y consciente autoreduccion del sueldo balanceado por un menor empeño en términos de horas dedicadas a las actividades profesionales, de manera tal de gozar de mayor tiempo libre (familia) perezoso relajamiento, hobbystica, etc.
Esta innovación al interno de las hileras productivas industriale y económicas ha dado vida a un real movimiento de pensamiento y es considerada por los sociólogos una de las más epatantes y llamativas consecuencias de uno entre los muchos cambios sociales y de costumbres de los últimos años en el ámbito del mundo del trabajo.
Asumiendo como términos de referencias el *downshifting* y el consiguiente *downshifter*, o bien el que actúa la elección de preferir una mayor disponibilidad de tiempo libre al espejismo de posibles brillantes carreras profesionales, debe ser dicho que sobre tal fenómeno se han enchufado estudios sociológicas y tesis para comprender el real alcance del cambio bajo el aspecto puramente de la costumbre dentro de conceptos ya ampliamente difusos como aquellos concernientes la calidad de la vida en la era del consumismo.

I término *downshifting*, al cual ha sido dedicada, por iniciativa de Gran Bretaña, la semana del 23 al 29 de abril del 2007, ha aparecido por la primera vez en el 1994 en el *Trends Research Institute* de New York City. A distancia de una docena de años ha sido adquirido por el Nuevo *Oxford Dictionary* que le ha dado el valor léxico localizando el significado en el (libre) cambio de una carrera económicamente satisfactoria pero evidentemente estresante, con un estilo de vida menos pesada y menos retribuida pero más satisfactoria.

Evidentemente detràs de una tal elecciòn parece ser que existan otras altas motivaciones como una mayor consideración por los temas de la ecología, de la salud física y psicológica y, en último análisis, por una visión de la vida en menor clave consumista (donde la ecuación menos trabajo menos renta parece hacer fe a suficiencia) más allá de que por una recuperación de valores que desde hace tiempo se habian dado por superados, como una revaluación del ocio y la recuperación del concepto de lentitud, los males que una economía drogada puede llevar consigo.
Directamente o indirectamente sobre el tema de la sencillez voluntaria o *downshifting* que dir se quiera, han sido publicados algunos textos que parecen constituir una base bibliográfica de referencia para este argumento y que pueden ser resumidos en los siguientes autores y correspondientes títulos:

•Christoph Baker, Ocio, lentitud y nostalgia
•Pierre Sansot, Buen empleo de la lentitud
•Tom Hodgkinson, El ocio como estilo de vida
•Viviane Forrester, El horror económico

Entre las personalidades símbolo del nuevo movimiento de los *downshifter* es indicado uno de particular relieve por el papel ocupado, público y políticamente importante: o bien Robert Reich, docente universitario y Secretario de Estado al Trabajo desde el 1993 al 1997 bajo la presidencia USA de Bill Clinton que decidiò, al inicio del segundo mandato presidencial de Clinton, de no seguirlo y de dimitirse para dedicar, por su misma admisión, más tiempo a sus hijos.

Fuente: WIKIPEDIA

LAS CLASES DE RENTA EN BRASIL

EL IGBE, Instituto brasileño de Geografía y Estadística, subdivide la población brasileña en tres clases, en función de la renta mensual percibida. La clase alta (AB) con renta superior a R$4807 (mas o menos 2100 euros) la clase mediana (C) con renta incluida entre R $1115 y R$4807 y los pobres con una renta inferior a R$768.

La noticia es que en los últimos cinco años, del 2003 al 2008, bien 25,8 millones de brasileños han entrado en la clase media (+ 31%) y aproximadamente 6 millones en la clase alta (+37%). Esto significa que casi mitad de la población (49,22% o 97,1 millones de brasileños) está en la clase media y algo más del 10% en la clase alta. Quedan en todo caso 30 millones de brasileños debajo del umbral de la pobreza.

Màs allá de los datos nuestra. experiencia directa es que Brasil realmente está experimentando un período de crecimiento sin precedentes. Las grandes ciudades son obras a cielo abierto. El único mercado inmobiliario en crisis es el turístico porque influenciado por las crisis americanas y europeas. Todo ésto representa para los domiciliados extranjeros un problema y una oportunidad.

Un problema porque quien cree vivir con una renta procedente de Europa ve su poder de adquisición reducirse drásticamente y una oportunidad para los que consiguen directamente su renta desde Brasil o con una actividad o a través de inversiones inmobiliarias y financieras. Pero un paso a la vez, primero analizaremos cuando cuesta vivir en Brasil.

TRASLADARSE A BRASIL

Lo expresado aquí en seguida, es fruto de valoraciones personales. Hemos tratado de ser lo más posibles objetivos y neutrales, pero nada puede reemplazar la experiencia personal. Si estais pensando en Brasil y no lo habéis visto nunca, tomaros unas vacaciones o mejor dos o tres. Brasil es un país maravilloso, especialmente si lográis vivirlo desde el interior, de consecuencia en contacto con la gente y no con el entorno aséptico y precocinado de un viaje organizado; pero los primeros días también pueden ser chocantes, para un europeo. No todo es hecho de palmas y chozas de bamboo sobre la playa, de ocasos rosas y de noches estrelladas. También existen torpezas arquitectónicas, zonas desoladas, cemeto, y en general cosas a las que a veces hace falta acostumbrarse. El hecho es que Brasil, con respecto de nuestros tenores de vida, es más pobre, y en algunos aspectos, incluidos a veces los gustos estéticos y arquitectónicos, podría ser comparado con nuestros años 70'. Por ejemplo, casas que para el brasileño medio de la clase social obrera o campesina son normales (a lo mejor hechas de ases de madera o ladrillos enlucidos) a nosotros aparecen como ejemplos de deterioro y a lo mejor automáticamente las asociamos con el concepto de muerto de hambre, mientras que en cambio son habitadas por gente que en la mayoría de los casos es normal, con un trabajo, una familia, y a lo mejor con conceptos de hospitalidades tan desarmantes que nos hacen reflexionar...

El hecho es que la mentalidad media brasileña, en el bien y en el mal, es orientada hacia un tipo de vida "dìa por dìa". "¿Hoy tengo que comer? Bien. Mañana se verá", esto de un lado hace que la vida en Brasil sea de costumbre más espiritual y menos material de la nuestra, con la tendencia a vivir inventándose paulatinamente adelante un modo de tirar sin pensar demasiado en el futuro, con un nivel de estrés y competitividad que nosotros no logramos alcanzar nisiquiera en vacaciones, mientras por otra parte sucede por ejemplo que el problema de la localización de personal serio y que se presenta al trabajo todos los días sea mayor que en Europa, o que haya gente que a un cierto punto se encuentra sin comida o con de los hijos que se las arreglan a vivir por calle.

Como dijimos, éstas son los nuestras evaluaciones: discutibles, reprochables, criticables, fruto del nuestra experiencia. Tomadlas por lo que son, o bien un punto de vista a lo mejor un poco fuera de los estereotipos. Hacen de nuestra visiòn el empleo que queràis, pero no la tomáis por oro colado; quisimos probar solamente a refutar un poco concepto de Brasil que nos sentimos suministrar de vez en cuando de personas que hablan con gran convicción de cosas que sólo han visto estando sentados en sillón delante de la TV, acostumbrados y amaestrados a creer en el binomio TV = Realidad…

Brasil: el sueño europeo

Ante todo, refutamos algunos mito y hagamos alguna aclaración. Brasil no es un país del tercer mundo. Quien se espera escenarios de desolación, miseria, delincuencia desenfrenada, atraso, indolencia, un país doblado por las deudas, gobernado por un ladrón, dominado por la mafia local, en el cual se puede morir por falta de curas, se equivoca…

Estereotipos

De un campeón bastante elevado de europeos entrevistados, estos no han sabido decir los nombres de al menos 5 ciudades brasileñas, del presidente del Brasil, o de algún personaje famoso que no fuera un futbolista o un piloto de Fórmula Uno. Además, aproximadamente el 80% de los europeos del sexo masculino ha declarado que iría de vacaciones en Brasil, pero sin mujer o novia, y que aproximadamente el 90% de las mujeres cree que es un país demasiado a riesgo para ir en vacaciones con los mismos hijos. Preguntando cuales son las primeras cosas que se les ocurren pensando en Brasil, la mayor parte de las personas ha contestado carnaval, samba, prostitución, favelas, delincuencia, bandas de secuestradores que asaltan a las personas por la calle, economía frágil, deterioro, pobreza, miseria, hambre, etc.

Además la mayor parte de los entrevistados cree que las universidades, y más en general las escuelas, sean pocas y solo para los más ricos, que los hospitales en Brasil sean pocos y no confiables, que la lengua hablada sea el español. Todo eso hace pensar, además del hecho que la mayor parte de las personas no tiene la más pálida idea de lo que está hablando, que la opiniòn sólo se basa en los lugares comúnes, a menudo difundidos por los medios de comunicación y de los tam-tam de las leyendas urbanas, que se tienda a aunar Brasil a los demás estados de América Latina. No sabiendo que en Brasil hay aproximadamente 30 millones de europeos u oriundos europeos.

Brasil, por muchos aspectos, es mucho más evolucionado de lo que el turista medio se puede esperar. Es un país rico en recursos, de materias primas, la potencialidad de Brasil es impresionante y basta ya a volverlo un país completamente autónomo, tanto que podría vivir tranquilamente y prosperar sin comprar nada al extranjero, dominado de una fuerte identidad cultural y de un fuerte espíritu de unidad nacional. Ciertamente, hay diferencias entre una zona y otra: siendo grande medio continente, es lícito esperarsela. En particular, Brasil se vuelve más europeo, más poblado y menos salvaje a medida que se viaja hacia el sur. El Brasil salvaje que se imagina de los documentales es prevalentemente aquel del Norte, el Brasil más adecuado al estilo de vida europeo es el del sur. El Estado de San Paolo, en particular, podría ser comparado por algunos versos con Lombardía, y es quizás aquel en que se encuentra la mayor concentración demográfica y la mayor concentración de inmigrados italianos y europeos o ellos descendientes.

Idioma portuguès

Por cuanto concierne la lengua, el portugués, especialmente aquel brasileño que tiene fuertes influencias italianas, creemos que sea mucho más fácil que el español. Se necesita un poquito para acostumbrarse a los sonidos, pero una vez que entendéis los pocas reglas esenciales, es fácil entender y por consiguiente iniciar a hablarlo. Por ejemplo, hay palabras que en Italia son leídas en manera incorrecta, basta por ejemplo pensar al jugador de fùtbol Falcão, cuyo nombre era leído tal como es escrito, mientras que se lee en realidad más o menos como "falcon", casi omitiéndola "o", un compromiso entre "falcn" y "falcon", con un poco de énfasis sobre el "n" final.

Muchas palabras italianas son traducidas de modo análogo: "situación" se convierte en "situação" (se lee más o menos "situasn") con la "n" nasal. Luego hace falta entender que el portugués es una lengua blanda y mascullada; por ejemplo, a menudo la "T" es lisiada en una especie de "C" blanda, la "E" se lee mas o menos de como como "I", la "L" se transforma en una "U" a menudo se vuelve, la "D" una especie de "J.".

"Saudade" (nostalgia) se lee más o menos "saudaji", "suite" se dice más o menos "suici", "film" se convierte en "fium" y "email" se convierte en "emaiu", "me lembro" (me acuerdo), se dice "mi lembru", "médico", escrito como en italiano, se lee "mejicu", etc... Entender el portugués, en fin, es más que nada una cuestión de entender los sonidos.

Una vez en Brasil, hay que tratar de hablar y escuchar el portugués; generalmente se necesitan unos 15 días, quizás también menos, para iniciar a entenderlo bastante bien.

Turismo sexual

Para termina, visto que Brasil tiene la fama de país del sexo fácil, por último querelo decir dos palabras sobre las mujeres brasileñas. Indudablemente, siendo el Brasil un país donde el sexo siempre ha sido vivido de modo bastante libre y sin tabú, las mujeres pueden ser a veces o a menudo más "afables" que las europeas. Pero también hace falta saber usar un poco de discernimiento.

Ante todo el viaje desde europa a Brasil no os transforma ni en mas atractivos ni novene. Si tenéis cincuenta años o sesenta años, la cartera bastante hinchada y sois capaces de encontrar una mujer de veinte o treinta años más jóven que os sonríe y os toma del brazo, tenéis que considerar en serio la hipótesis que no este particularmente interesada a vuestro aspecto físico o a vuestro atractivo, a menos que quien lee no sea George Clooney o Sean Connery.

Ahora, si tenéis los pies por tierra y queréis entretenervos un poco, de acuerdo, pero tened la inteligencia de entender cual es la motivaciòn de la chica en cuestión y de no mentir a vosotros mismos y a los otros.
No afirmamos que una brasileña de veinte años no pueda enamorarme de veras de un europeo de sesenta años, faltaría màs, a menudo succede también esto, pero siempre hay que tener los pies por tierra.

¿Còmo comenzar?

De acuerdo, supongamos que habèis estado en Brasil una o dos veces e os ha gustado mucho hasta el punto de pensar de ir a vivir allì para siempre. Tal vez tengaìs el recuerdo de algùn amigo que os ha contado que ha vendido su casa e si ha comprado un bar en la playa, o de alguien que alquilò su casa en Europa e con cuatrocientos o quinientos euros de renta vive como un rey en Brasil. O tal vez os han dicho que para obtener la visa en Brasil es suficiente salir del paìs un dìa al año (tal vez realizando un paseo en Argentina, Chile o Bolivia), para tener de nuevo el derecho a la visa por otro año.

O tal vez queraìs simplemente trabajar en el negocio de algun amigo, o viajar y luego buscar un trabajo estando allì, o incluso vender el auto o la moto y partir con diez mil o veinte mil euros en el bolsillo y comprar cualquier actividad comercial allì. O simplementecoger vuestras pertenencias e ir en busca de fortuna pensando que en Europa esta lleno de chinos, ucrainos, etc...que llegaron al Europa sin preocuparse por la visa...si funciona asì aquì màs aun en Brasil (que como es sabido es un paìs subdesarrolado y retrògrado, cuyas ganancias se basan en el fùtbol, el sexo, la samba y los frijoles).

Beh, lo lamentamos, pero estamos a punto de reconduciros, os guste o no, con los pies por tierra...

Brasil es en muchos aspectos un país mucho más moderno de la nuestra vieja y ordinaria Europa.

Entrar a Brasil

1. In Brasil, sin presupuestos, sólo podéis entrar con la visa turística (que, como europeos, es concedida directamente a la aduana del aeropuerto, previa compilación de un módulo que allí es entregado por las azafatas en avión). La visa turìstica seis meses (90 dias y se puede alargar de otros 90 previa solicitud a la policía federal). Al plazo tenéis que salir del país y no podéis regresar por otros seis meses.

2. Con lo que podéis sacar del alquiler de un piso "normal" en Europa, de seguro no vivís como un rey. Tened en cuenta que tenéis que pagar la asistencia sanitaria, comprar una casa, pagar los impuestos, etc... es decir, las cosas iniciarían a hacerse un poco duras, no es aconsejable que alquiléis vuestra casa y con el provecho vayáis a vivir en Brasil, a menos que vuestra casa no sea un castillo.

3.Como sea, no podéis ir sencillamente a Brasil y estableceros allá, a menos que no se quiera vivir como clandestino y arriesgar de ser tomados y "deportados" la ley brasileña usa exactamente la palabra "deportación").

4. No podèis pedir una visa permanente de trabajo; sólo es posible en casos particulares, o bien si vuestro título laboral (que hay que demostrar) es un título no verificable en Brasil; ya que , la política es dar trabajo a los brasileños y no a los extranjeros. No es excluido por ley, pero no es fácil conseguir una visa en estas circunstancias.

¿Pero entonces no es posible ir a vivir a Brasil? Ciertamente que es posible, pero respetando algunas condiciones. Generalmente se puede pensar de conseguir un visa permanente, ved el capítulo.
"EL LLAMADO "PERMISO DE RESIDENCIA"

Partimos por lo tanto del presupuesto de dar un paso a la vez, e iniciar comprando una casita en una bonita zona de campo, o en la costa, para tener un punto de apoyo. ¿Cómo se hace? Beh, ante todo conseguir el CPF o bien el equivalente del código fiscal brasileño, mayores informaciones en el libro "Invertir en Brasil". ¡Qué hacer y cosa no… hacer!

El CPF es solicitado por cualquier tipo de acto que hagáis en Brasil y es una cosa indispensable si vais un paso más allá del simple turismo.

En el momento en que estáis en posesión del CPF y los documentos que allí serán solicitados, adquirir un inmueble en Brasil desde el punto de vista de las prácticas burocráticas es simple, veloz y económico.

Coche

La adquisición de un coche no comporta problemas, especialmente si pagáis en efectivo. El mercado del viejo es más querido que el europeo, pero ésto es justificado por el hecho que los coches nuevos cuestan como en Europa y por lo tanto son muy solicitados por el brasileño medio, que a denudo se tiene que que dirigir al mercado del usado.

Como sea el parque de los coches circulantes está mejorando sensiblemente, si es comprarado con los que circulaban hace 15 años. Comprar un coche diesel generalmente no conviene, al menos al momento; mejor un coche a nafta, que puede ser convertida de modo simple pero también ser alimentada a alcohol (cuando este no es ya así de serie). Mejor dirigirse a marcas producidas en arriendo o por lo menos en Sur America (por ejemplo GM, Fiat, Ford, etc) por los precios de los eventuales repuestos.

Por cuanto concierne el permiso, podéis circular con el permiso europeo en curso de validez y una traducción efectuadaa por un traductor, pero si decidís vivir en Brasil, tenéis que rehacer el curso y el examen porque la traducción sólo dura 6 meses y costa bastante. Es mucho más fácil que en Europa, hay una semana de curso, 6 lecciones, un examen médico y uno psicotécnico, y si los superáis, os esperan todavía 15 lecciones prácticas y el examen de conducir, también bastante fácil. El costo, en el Estado de SP, es de alrededor 600 Reais (libreta de conducir B) y alrededor de 800 Reais (libreta de conducir A y B). Los permisos profesionales pueden ser sólo tomaoas un año después de haber conseguido con éxito el permiso"B."

Cuenta corriente

Una vez que hayáis comprado la casa, y tengáis usufructos domiciliados (luz, teléfono, agua) os podéis presentar en el banco para conseguir la abertura de una cuenta corriente. Se debe saber que es posible que os sintáis decir que la abertura de una cuenta corriente de parte de un extranjero es prohibida por ley, que no se puede, que es imposible pero es no es certo. Cada extranjero en Brasil según el Código Civil Brasileño puede abrir una cuenta corriente bancaria, basta con encontrar la sucursal justa y sin problemas que os abrirá una cuenta corriente, las credenciales para el acceso a la cuenta con internet, el cajero automático, el talonario (en Brasil los cheques son muy usados) y tarjeta de crédito Visa y/o Mastercard. En particular, el cajero automático es muy útil en cuanto a las taquillas automáticas se pueden hacer muchas operaciones (pago de usufructos, movimientos, etc.) sin tener que ir a la taquilla de la misma sucursal, y además es esencial para poder hacer los movimientos por internet, os servirá si por ejemplo tuvierais que efectuar pagos desde Europa, como por ejemplo usufructos de la casa etc.

Como comportarse con los gastos de manutención

La mayor parte de los gastos (o bien los recibos) pueden ser domiciliados directamente en el banco. Los otros generalmente se efectuan directamente con un giro bancario sobre la cuenta de la persona o la empresa que se ocupa de la manutención. Jmàs de los jamases mostraros como derrochadores que no miran los gastos, o acabaréis por pagar las cosas y las prestaciones mucho más que el real valor de mercado, y volver sobre los mismos pasos se pone luego difícil.

Como llevar las propias pertenencias

La primera cosa que non preguntamos es: ¿cómo hago para llevar mis cosas a Brasil? Bien, la respuesta es: se puede pero no es dicho que os convenga. Ante todo, para saber cosa se puede y cosa no se puede llevar, léed estas normas relativas a la aduana de las mercancías: Import Information
http://www.verrua.org/brasile/import%20information.pdf

Además también podéis consultar el sitio del Receita Federal, dónde podréis encontrar otras informaciones respecto a la importación de las mercancías pero no sólo:
www.receita.fazenda.gov.br

Por cuánto concierne los costos, éste es el motivo de base por el cual dijimos que puede darse que no os convenga. En efecto, el envío de un contáiner de 20 pies (unos 33 metros cubicos) en Brasil, más los gastos de aduana y la entrega hasta vuestra vivienda, están aproximadamente en el orden de unos 7000, 8000 Euros o más, sólo los gastos de aduana montan a unos 3000 dólares estadounidenses. Además, los electrodomésticos europeos, que funcionan con una tensión de red a 220v y a una frecuencia de 50hz, podrían no funcionar adecuadamente con la tensión 220v/60 Hz, quemándose. En cambio la electrónica, con los transformadores switching, funciona generalmente con tensiones de 100v a 240v y con frecuencias de 50 a 60 Hz sin problemas.

Después de haber valorado la posibilidad transportar sus propias cosas en un container por barco, dunque muchos por los que optan vendiendo lo que se puede en Europa y traer solamente las cosas personales además de objetos pequeños (computadora, dvd, pequeños electrodomésticos) eso puede ser embalado y transportado como equipaje a sucesión o en el equipaje de mano. Particularmente, debido a que los equipos electrónicos son muy estimados, es útil dejar la lavadora y el refrigerador pero llevarse el ordenador y el cellular.
El mobiliario puede ser comprado en el lugar, es más económico y ademàs la leña de nuestro mobiliario podía agradarle a las termitas brasileñas; optar por una madera local mejor y estéticamente más en la afinación a un ambiente tropical que no por un oscuro mueble de castaña o en el nuez nacional.
Las mascotas pueden ser transportadas en avión, cerradas en las parrillas especiales. Hay que informase bien en la compañía aèrea o en la agenzia de viajes. Muchos extranjeros transportan sus propios perros prefiriendo vuelos directos para evitar el estres a sus propios animales. La caja de transporte para el animal puede ser comprada en cualquier tienda de mascotas.

CUANTO CUESTA VIVIR EN BRASIL

Este capìtulo esta dirigido hacia esas personas que han decidido pasar en Brasil parte del año y que estan interesadas a saber más sobre el costo de la vida. La visa turìstica permite de pasar desde tres a seis meses al año sobre el territorio brasileño, lo suficiente para valorar las ventajas y las desvenjatas de este extraordinario pais.

Durante estos años hemos leído muchos comentarios sobre cuanto cuesta vivir en Brasil y podemos aseguraos que lo que leereìs màs adelante no ha sido escreto solo en buena fe (las cosas inexactas tambien pueden ser escritas en buena fe) sini que es documentado y documentable porque nace de nuestra experiencia directa.

La vida en Brasil es más cara de lo que un turista que pasa las dos semanas clásicas aquí puede imaginar, obviamente no es superior al de Europa.

En el guía analizaremos: los gastos de la habitaciòn, de la energía, del teléfono, del transporte, de la salud, de la diversión y de la alimentación.

Como punto de referencia asumiremos el peor de los casos, es decir el de una familia de cuatro personas, aunque este caso representa el porcentajes más pequeño porque la mayor parte de los extranjeros se trasladan solos, son solteros o simplemente conviven (por lo menos por ahora, porque la crisis podría incrementar el fenómeno de la inmigración).

Empezamos inmediatamente por dos voces incriminadas a menudo: la educación y la salud (para los turistas se recomienda una aseguraciòn *Europassistance* que se compra cuando con el viaje aèreo).

En Europa estas dos voces son casi gratuitas (hasta cuánto sin embargo?) mientras en Brasil son privatizadas y por lo tanto se pagan. Esto es verdad. Naturalmente esiste la versión pública ya sea de las escuelas ya sea de la salud (SUS).

LA SALUD

Las estructuras del SUS (salud pùblica brasileña) se parecen mucho las del sur de Italia. Al SUS no se paga nada y se puede resolver el problema si naturalmente no se trata de cosas serias. Traemos este dato para desmentir una legenda: que la asistencia sanitaria pública no existe en Brasil.
Naturalmente, para evitar desafiarla fortuna, conviene hacer una aseguraciòn completa. En Brasil hay fenomenales compañías de seguros particulares que garantizan la asistencia en todo el territorio brasileño.
Existen dos opciones son la aseguraciòn integral o la "compraticipativa". Considerablemente la primera cubre integralmente los gastos y la segunda pide el desembolso al acto de una contribución pequeña. El valor de la contribución depende del rendimiento, por ejemplo se pagan 5R $ por una visita especialistica contra los R$80-100 – que se patarina sin aseguraciòn. Los tickets europeos son sin dudas mayores.

Para este tipo de aseguraciòn que cubre visitas especialìsticas, examenes complejos y hospitalizaciòn en càmara con cama de dos plazas se paga hoy en dìa (julio del 2010) un promedio de R $561 al mes para cuatro personas! Con 244 euros aproximadamente usted ha resuelto el problema de la salud para usted y su famiglia. Naturalmente existen aseguraciones más económicas también existen, de R $300 aproximadamente, y màs caras de R$800 (hospitalizo en càmara privada con tratamiento como en un hotel 5 estrellas).
Querríamos añadir un detalle interesante: si usted hubiera hecho la aseguraciòn solo para una persona habría pagado la misma cifra. Esto porque el valor del seguro crece de manera exponencial con

la edad por lo tanto una esposa joven y dos hijos añaden al total alrededor de R$260 que sin embargo casi desaparecen porque el seguro pasa a ser familiar y se tiene derecho a un descuento del 20 %. ¡Esto es una ayuda concreta a la familia!

El costo de la salud que hemos dado sólo es compensado en general por la prácticamente falta de gastos para la energía y la calefacción si obviamente se habita en el noreste de Brasil. Si ademàs usted considera el ahorro sobre el atuendo y el calzado (es siempre verano) también le sobra un poco de dinero.

ESCUELAS

El discurso escuela es muy dependiente de la ciudad donde se vive y de la institución elegida. El costo por enviar a un niño de 6 años a la escuela puede variar desde R $200 a R $400 por mes en una escuela privada. Naturalmente también existen en este caso las alternativas públicas. Los libros y material académico son una voz separada y graban desde R $700 a R $1000s en un año. Si los niños son dos el valor se duplica. Podemos concluir que mandar a dos niños a una buena escuela tendrà el costo de aproximadamente de R$1000 al mes s decir R$12.000 en un año.

Estos gastos son prácticamente cancelados si usted considera el hecho de que usted ya no gastará dinero en irse de vacaciones, considerando que ya està en ese lugar. A decir verdad ¿cuánto gasta una familia media de cuatro personas si quiete pasar un mes de vacaciones en las playas europeas? Si todo va bien no menos de 5000 euros, o sea R$12500. exactamente.

Tres voces importantes todavía tenemos que analizar: casa (incluso el condominio, tv satelital o cable, internet, telèfono, agua, gas, impuestos), automóvil (combustible e impuestos incluidos) y alimentación (restaurantes incluidos y playa).

CASA

Tenemos dos alternativas: comprarla o alquilarla y para cada elección dos alternativo casa o departamento. Obviamente a cada de las combinaciones se le asocia un costo diferente.

Para quien a menudo vive en una gran ciudad la alternativa casa no existe pero en una ciudad todavía en desarrollo como por ejemplo Natal las opciones son muchas. Las ciudades en Brasil son desarrolladas comenzando por áreas históricamente urbanizadas con casas de campo independientes generalmente. La construcciòn vertical se expande en estas áreas a través de la demolición sistemática pero más a menudo como manchas de leopardo de casas de campo casi todas abandonadas.

A un certo punto prácticamente se vuleve imposible vivir en la ciudad en una casa, uno está totalmente rodeado por los rascacielos que quitan luz y sobre todo ventilación. Eso de la ventilación es un tema de importancia extrema para uno reside el noreste de Brasil y tiene un impacto dramático sobre los gastos de administración de la casa. Una casa ventilada, además de ser más sana (la ausencia de moho) no necesita un implante de aire acondicionado con todas las ventajas económicas y de salud. ¡La diferencia del costo de la energía eléctrica puede variar de R$100 a R $500 al mes!

Para uno que adora vivir en una casa de soltero existe sin embargo una soluciòn: el apartamento de casas cerradas o el apartamento "fechado" como dicen en Brasil. Se trata de una área ubicada completamente en general afuera de la ciudad cerrada por medio de una cintura de muros con servicios comunes y generalmente de un nivel elevado. Seguridad, piscina y gimnasio, sauna àrea de juegos para chicos, àreas verdes para relajarse, àreas para socializar, las infaltables brasas o chirrasqueras para preparar la carne el fin de semana, etc.

Para quien quiere vivir en el corazón de la ciudad y cerca de lo esencial como escuelas, hospitales, centros comerciales centros administrativos, et... el departamento en un edificio es la única alternativa. Como los apartamentos de casas también los departamentos disfrutan de una serie de servicios desde más simple (24h de seguridad) al más sofisticado (piscina, sauna, la gimnasia, tv por cable o satelital, internet, churrasquera, sala de juegos, el cine, etc). El todo se refleja en el costo del apartamento que puede variar desde algunos cientos a miles de R$ al mes.

Para entendernos un condomino a la europea: portero electrónico y limpieza de parte de una empresa externa cuesta 150R $ al mes pero casi nunca se encuentra. Más frecuente es el caso de apartamentos propios con algunos servicios adicionales (portero 24 hs, piscina, ascensor) cuyo costo es de acuerdo con el número de propietarios, y pueden variar desde R $200s a R$500 al mes a la igualdad de servicios.

Los condominios de casas son en general más económicos a paridad de servicios porque no hay ascensores, el mantenimiento del edificio (son solamente allí las partes comunes) y los propietarios son ser numerosos.
La energía eléctrica por ejemplo en Salvador cuesta R$0,44098 al KWh màs el 25 % de impuestos. En práctica, si el acondicionador no se superan los R$50 n un mes. En Brasil es muy difundido el uso de un objeto llamado "chuveiro electrico". Se trata de un objeto que es instalado al lugar de la cerbatana de la ducha que calienta el agua en un instante. El consumo de energía es mortal: 4000-5000 W que es lo mismo que 10 televisores encendidos contemporaneamente. Usar con moderación.
También el uso del acondicionador puede hacer alzar la factura, por lo tanto la compra de un buen ventilador lo recomiendan pero sobre todo buscar un appartamento del "lato das ombra" (la parte de la sombra) y bien ventilado (dos ventanas a lados opuestos).
Naturalmente, si el departamento no es comprado no necesita preocuparse por pagar otros impuestos de propiedad quq aqui son llamados: IPTU. El valor de este tributo depende del distrito donde vive y es capaz de variar de mucho.

Los precios de la compra de un departamento o una casa son decididamente inferiores a los europeos a pesar de la crisis económica y la explotación del real en la comparación al europeo ha reducido mucho este diferencial. Para entendernos en el 2004 un euro valia 3.7 R$ mientras hoy vale 2.29 (debido a la crisis del euro y al desarrollo de Brasil con consiguiente reforzando del Real; en palabras simples la "riqueza" se està moviendo desde el occidente a China y Brasil), una devaluación de más de 30 %! Mientras tanto los costos de la construcción crecieron de un 7% al año (hoy estamos al 5 %). Este efecto se siente sobre todo en las nuevas construcciones o en lanciamento. Los constructores han contrastado estos aumentos reduciendo la longitud de los departamentos a la paridad de la cantidad de càmaras. Hoy un nuevo departamento de tres càmaras y dobles servicios ocupa una superficie neta de 75mq y cuesta alrededor de R$250.000 el mismo departamento usado es comprado por R$180.000.

Para quien tiene tempo y ganas de buscar existen buebas ocasiones con la condiciòn que el inmueble deba ser restructurado.

La TV por cable o por satèlite está disponible en todoBrasil. En Brasil existe la "TV por el cable" que reduce mucho el impacto ambiental (no se ven las parábolas). Una suscripción a el paquete Plus estándar (canal de Disney, Discovery kids, Discovery Channel, National, Geographics, Fox, Universal, CNN, Space, Warner y muchos otros.) juntos a Intenet (150 KBs) cuesta aproximadamente R$134 al mes.

El teléfono fijo es aconsejable solamente para las llamadas telefónicas locales ya que Skype representa la mejor alternativa para las llamadas telefónicas intercontinentales. Generalmente se prefiere usar solamente el celular con contratod prepagado de la TIM, OI, CLARO etc. y se gasta un promedio de 70 100 R al mes además de R$50 para Skype (es usado para telefonear a todo el mundo hacia teléfonos fijos o celulares hacia consumidores Skype). Es aconsejable comprar un PC portátil en Europa porque en Brasil todos los productos electrónicos son más buscados. El costo de una conexión rápida varia desde los R$50 - R$100 al mes. En la alternativa existen los cyber cafè.
Nota: en Brasil en todos los centros comerciales más grandes,

bancos, bars y locales hay conexión internet gratis por lo tanto es normal por ejemplo ver tantos brasileños como extranjeros sobre las mesas de un lugar mientras están bebiendo un batido o una cerveza y usan su computadora portátil o palmar y telefonan gracias a Skype u otros softwares FREE VOIP.

Los impuestos de la casa llegan al inicio del ano en un ùnico impuesto municipal llamado IPTU. Se puede pagar en cuotas o en contante con un considerable descuento. El año pasado la rebaja era del 30% y este año del 20% porque se reduciò la inflaciòn e sobre todo el valor del dinero. Por una casa nuestra de 110 mq en el centro el valor del IPTU fue de màs o menos R$ 850 al año (con el descuento del 20% incluido).

Respecto al agua y gas estas dos voces son tradicionalmente incluidas en el precio del condomino. Algunos edificios incluyen otros servicios como TV, internet, etc. Cuando es posible es mejor tener un contador individual, por lo menos para el agua, porque los brasileños cuando ven una cuenta común no controlan la economía.

En conclusión, por lo menos para los costos fijos de casa para una familia de 4 personas con un padrón europeo de la vida, éstos van desde los R$600 a los R$800 al mes. Este costo es relativamente alto porque incluye el costeopara garantizar las 24H de seguridad del edificio (tres porteros más una reserva). Esto de la inocuidad es el verdadero costo adicional que no existe en Europa. Sin embargo se están difundiendo los sistemas electrónicos de supervisar que reducen tales gastos.

Sin embargo si tenemos en cruenta la diferencia de precio de la compra de la propiedad inmóvil entre Europa y Brasil vemos que el aborro obtenido paga abundantemente estos extras debido a la necesidad de una mayor seguridad.

Ya hemos analizado los respectivos gastos a la educación y la salud, entonces los de la casa y a todo esto que gira alrededor de ella.

Nos quedan para analizar los gastos del transporte y la comida. Recordamos que como en las voces anteriores apropriadas a pesar de los gastos a veces que parejas elevaron son en general se balanceado por los ahorros que son siempre obtenidos en otras áreas.

TRANSPORTE URBANO

Asumamos que en casi todas las ciudades el servicio público de autobús es capilar y el costo del boleto es de màs o menos un real. Sin embargo no sempre existe el boleto único valido por una hora por lo tanto arriesgamos de pagar un real solo por una parada.
El uso del autobús es por lo tanto aconsejable solamente para los movimientos largos incluso si, debido a las condiciones de los caminos en el noreste y no solo a frenadas repentinas que estan al òrden del dìa. La palabra de orden es estar cerca de los corremanos.
Las suscripciones existen para estudiantes y descuentos especiales. Para la tercera edad (màs de 60 años) el transporte urbano es gratis en general.

AUTOMÓVIL

Es possible tanto alquilarlo como compralo. Se aconseja alquilarlo solo si es realmente necessario y por periodos de una o dos semanas. Tratando con un particolar se puede obtener un percio de R$ 800-1000 al mes. La alternativas es usar el omnibus y el taxi cuando es necessario. Hay que procurarse un buen mapa de la ciudad, son muy buenas las que se encuentran en las guìas telefònicas y hay que evitar perderse de noche en alguna "favela".

En cuanto a la compra del automòvil la elecciòn e smuy amplia: la mayor parte de los constructores poseen sus fàbricas en Brasil, si bien los modelos de alta clase esta disponibles solo con la exportaciòn. Fiat, GM, Volkswagen, Ford, Toyota, Honda, Citroen, Renault, Nissan, Mitsubishi, todos estan presentes. Los automòviles màs usados son los de 1000 cilindros: Palio, Uno, Fox, Chevrolet Selta pero recentemente se difundieron los de 1400 y 1600 todos con motores FLEX (alcohol y nafta).

El aumento del mercado de automóvil en Brasil en los últimos años ha sido inmenso gracias a los incentivos de gobierno (reducciòn del IPI) también. En Brasil han sido vendidos en el 2009 bien 750.000 automóviles de marca Fiat contra 722.000 matriculados en Italia, ha sido el supuesto año del pasar debido a la crisis económica que Europa ha dado pero Brasil acaba de apacentar. Este paso no ha sido debido a los precios en en cuanto a la igualdad de accesorios un automóvil en Brasil es decididamente más caro.

Basta visitar el sitio de "Quatrorodas" para tener la confirma. Un FIAT UNO FIRE 4 P con motor FLEX cuesta aproximadamente 10,000 euros sin optionals, es decir sin aire condicionado, cerradura elèctrica, vidrios elèctricos, dispositivos de seguridad (airbags, abs, etc), radio, CD player...ademàs el precio del usado es sostenido, por lo que despuès de la inicial desvalorizaciòn, el valor de los usados, sobre todo para los modelos populares, se mantiene elevado.

Automóviles diesel prácticamente no existen. Actualmente la nafta cuesta màs o menos 1,1 europeo al litro y el alcohol 0,83 pero hay que tener en cuenta que el alcohol rinde el 70 % de la nafta y por lo tanto él es como si costara 1,2 euros al litro. ¡El problema es que los automóviles en Brasil no van en el promedio más de 10 - 12 km con un litro!

Por ejemplo un Volkswagen Crossfox 1.6 recorre 8Km con un litro! Un automóvil compacto apenas alcanza los 14Km al litro: los 20Km al litro, divulgados en la publicidad europea, están distantes. ¡Como ricompensa no hay ninguna autopista que pagar porque no hay autopistas!

El impuesto de la circulación o IPVA, es par al 2,5 % del valor aplazado del automóvil y es pagado todos los años junto con el seguro obligatorio DPVAT. En este sentido es más correcto que nuestro impuesto de la posesión en cuánto el IPVA se reduce mano a mano que el bien envejece y pierde el valor mientras que nuestro impuesto se mantiene constante y es un disparate la cifra que se paga por un automòvil viejo, asi al proprietario no le queda otra que la demoliciòn.

El seguro no es obligatorio a excepción del DPVAT que cubre la indemnización por daños y perjuicios a terceros pero es muy reducida. Un seguo completo y decente (SEGURO de UNIBANCO) cuesta alrededor de R$1300 al año y obviamente depende del valor del automóvil como calculadp por el FIPE. El valor de R$1300 es para un automóvil del valor de màs o menos R $35000.

ALIMENTACIÓN

Finalmente venimos a los gastos de la alimentación. Nos limitaremos a los productos que normalmente se compran en el supermercato.

Los precios de los productos alimenticios presentan oscilaciones bastante amplias a igualdad de producto y por las causas más distintas. Por ejemplo los tomates van desde R$0.98 a R$4 al Kg en pocos meses a causa de la lluvia pero otros productos como la leche y el aceite extra virgen de aceituna son disminuidos de precio.

En general los productos de importación son muy caros. Pasta, aceite y pelados en caja italianos tienen precios de al menos el doble, más a menudo el triple, de los que se encuentran sobre los estantes de nuestros supermercados. Por lo tanto para no equivocarse conviene referirse a una cesto de productos fijo y utilizar este como referencia. Es lo que se hace para el cálculo de la inflación. Naturalmente cada uno tiene un cesto suyo de productos comestibles preferidos. Mediamente para nuestro estándar europeo el costo es de màs o menos R$400 al mes para dos personas.

La elección de productos comestibles más "brasileños" como

carne, pez azul, frijoles, arroz, harina de mandioca, concentrado de tomate, huevos, papaya, mango, pasta brasileña, etc. bajan notablemente el costo.

El pan es caro. El clásico bocadillo al aceite cuesta aproximadamente R$5 al kilo y es aquel más consumido por las familias brasileñas. Igualmente caros y de bajas calidades son los quesos: desde R$30 empaquetados al kilo, excepto los frescos. El pez y la carne son en cambio baratos. Los precios por el pescado fresco van de los R$4-5 a los R$15 al kilo mientras óptimos cortes de carne se encuentran en la faja de los R$20 - R $30.

¿Y nuestra amada y querida pizza?

La pizza generalmente es revestida por una capa de "muzzarella" que nada tiene que ver con la mozarela de búfala italiana. Sobre esta capa, que apenas constipada se transforma en una óptima suela de goma por zapatos de tenis, se encuentra de todo. Más cosas hay más la pizza es creída buena, y por lo tanto el precio sube.

¡Muchas cadenas de pizzerías proponen una improbable cornisa, el bordo de la pizza, relleno con queso blando, El catupirì, pero también con nocilla etc., que da el golpe de amnistia a la mítica margarita y al estómago del cliente!

Por cuanto concierne el comida brasileña la bahiana es realmente gustosa probablemente a causa de la influencia de la cocina africana. El secreto está todo en el "tempero" sabia mixtura de especias vendida en los baratillos o ferias populares.

La clásica "comida a kilo" o a peso tiene un precio variable desde los R$10 a los R $25 al kilo, por tanto asumiendo una porción de 600gr. y una bebida estamos cerca a R$15- R $18. Se encuentran también locales donde se come por R$5 (arroz, frijoles y carne) pero aconsejamos siempre hacer una atenta selección antes.

¿Cuàl es el precio de la vida local?

Es el 45% menos caro que en Europa si se tiene en cuenta un tipo de vida a la europea. En los últimos 3 años los precios aumentaron del 60%, 30% debido a la inflación y 30% a la revalorizaciòn del real sobre el dólar y euro. En el fondo ya no es como antes conveniente, pero se logra todavía vivir bien con mil euros al mes (hay que tener presente que el sueldo mínimo es de 220 euros al mes).

Ahora hablemos de la diversiòn

Brasil permite a todos de entretenerse con poco o con mucho dinero. ¡Una noche puede costar desde los R$15 a los R$300! El verdadero problema es que a diferencia que en Europa aqui se puede entretener toda la semana y por tanto incluso gastando poco la cruenta final es preocupante. Es necesaria por tanto cierta disciplina de otro modo en lugar de seis meses sólo quedaréis un mes.
¡Buena permanencia en Brasil!

¿CUÁNTO SE AHORRA VIVIENDO EN BRASIL?

Como ya describimos en parte, algunos de estos ahorros son conseguidos gracias a la simplificación del estilo de la vida o *downshifting*.

La otra parte de los ahorros depende del clima de Brasil que permite sobre todo a quien vive en el nordeste de ahorrar en la energìa (15 euros al mes para una familia de 2 personas) y el precio de los atuendos y el calzado. En Europa necesita haberse vestido y calzado por las cuatro estaciones del año mientras en el nordeste esiste solo una temporada seca y uno lluviosa con las temperaturas casi iguales. Podemos afirmar que si vuestra pareva no es demasiado vanitosa los gastos de los indumentos se reducen del 50 %.

Otro ahorro considerable es dado por el hecho de que usted ya no gastará las cifras desproporcionadas para irse de vacaciones a la playa. Sobre porque puede ir cuando lo desee, los dias que quiera y en los horarios que quiera. Una ganancia muy importante es la reducción de la tensión y la mejora de la salud quantificabile. Usted verá iniciarà a sentirse màs jòven y con mucha energía vital. Quizás dependa de la luz solar o del consumo de productos frescos y antioxidantes poderosos como el mango y la papaya (la fruta màs barata junto con las bananas, màs o menos 0,50 euros al kilo).

Por ùltimo el precio de las propiedades inmóviles es decididamente inferior al de nuestras ciudades y esto lo permite, sumàndo un alto interès bancario relativamente alto, hipotetizar de vivir de ganancias. El concepto es simple: vendo la propiedad inmóvil o las propiedades inmóviles que poseo en Europa y compro por lo menos el cuádruple de las propiedades inmóviles en Brasil o en la alternativa diferencio mi inversión entre las propiedades inmóviles y las aplicaciones del banco al 6 % neto.

En los próximos capítulos usted encontrará las señales tanto para la inversión de bienes raíces como para aquel financiero donde el detalle de cada una es explicado.

¿GANAR INVIRTIENDO EN BOLSA O IN INMUEBLES?

La receta para ganar en Brasil es simple: los ingredientes son un capital en euros, por ejemplo conseguido por la venta de una propiedad inmóvil en Europa, que convertida en dinero local se trasforma en màs del doble (hace pocos años se triplicaba y por un breve período se cuadruplicó). Despuès se trata de hacer un mix: inversión inmobiliaria/ inversión inmobiliaria màs adapta a las propias exigencias.

La mayor parte de las personas que dedicen hacer inversiones de bienes raíces para tener una ganascia tienen en mente un ritorno "X" por ciento sobre el capital invertido. La sustitución de la "X" por ciento varia segùn el Estado y también el momento histórico.

En los países que llamamos del primer mundo, donde las inversiones financieras con renta fija que para los brasileños tienen una ganacia ridícula (el 1 % un año, pero con la inflación pròmica al cero) ser capaces de obtener una ganascia de alquiler de màs o menos el 3% es un motivo de fiesta.

Con la estabilización monetaria en Brasil, ocurrida gracias al PLAN REAL, la inflación ha sido prácticamente "domada" y mantenida en porcentajes tolerables haciendo que al dìa de hoy sea posible llegar almenos a una media de un ROI (regresso sobre la inversiòn) del 9% anual sobre el capital invertido en inmuebles de renta de alquiler. Algunos podràn comentar que existen tambièn inversiones en la bolsa y otros instrumentos financiarios que permiten de realizar ganancias mayores solo que (sobre todo come se ha demostrado en los ultimos años) se corren altos riesgos de perder el propio capital en sono una mañana, hipòtesis pràcticamente imposible en el campo de los alquileres.

Entonces resumiendo: en Brasil rentas de alquiler anuales del 9% no deben ser consideradas una buena inversiòn y se suguiere al inversor de evaluar otras posibilidades.

Fuente: Fòrum inmobiliario

El Banco do Brasile es el más rentable de America

El Banco do Brasil que està entre los más rentables de Estados Unidos y de la entera América Latina.
El promedio de la rentabilidad es casi del 35 % sobre el patrimonio y discolpe si es poco en éstos tiempos en los cuales los bancos ya sea americanos que europeos estaban al borde de la quiebra (y muchos quebraron). Naturalmente en segunda y tercera posiciòn encontramos otros dos bancos de Brasil: Itaù-Unibanco y Bradesco.

Farmacias
Otra categoría que vive feliz en Brasil son las Industrias Farmacéuticas. Después de haber desvelado que los primeros tres Bancos al mundo en términos de rentabilidad son brasileños (el primero en absoluto es el Banco do Brasil) descubrimos que los fármacos más queridos al mundo se encuentran en Brasil y en los EE.UU..
En fin éste es realmente el País de los récords. La noticia tiene una fuente insospechable, nada menos que la ANVISA (Agencia de Vigilancia Sanitaria), un órgano gubernativo. En una comparación efectuada con nueve naciones Brasil sólo ha sido superado por los Estados Unidos, donde casi el 70% de
todos los fármacos con patente todavía válida soy más queridos que en el resto del planeta.
Los fármacos solicitados se encuentran en Australia donde por ejemplo el Pegasys, un fármaco contra la hepatitis C, enfermedad que aflige 3 millones de brasileños, cuesta R$526 contra los R$1335 del Brasil, 116% más solicitado, y los ejemplos podrían continuar.
Por suerte, por muchos fármacos de que ha vencido la licencia, existen los genéricos cuyos precios soy decididamente más accesibles.

Concluimos recordando un hecho no de poca cuenta. Los medicamentos, en Brasil, se pagan aunque tenéis el plan de salud. Son gratis solo aquellos consumados en Hospital durante la hospitalización.

LOS FALSOS MITOS DE BRASIL

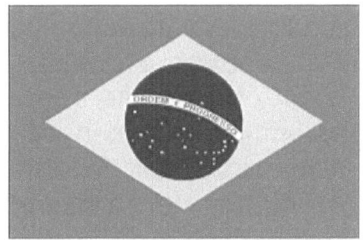

En Brasil todo era fácil. Hoy todo es complicado. Es el pasado que se paga cuando un país trata de eliminar la corrupción sin antes hber desbucratizado el aparato estatal. Si pensáis que aquí no se pagan los impuestos es un gran error. La hacienda es bien organizada aunque no logra controlar todas las actividades. Obviamente si tienen que elegir de controlar a un brasileño o un extranjero, pensad a quien controlarán. La violencia está en aumento pero no a niveles críticos. En cambio lo que no es un mito últimamente es la caza de brujas hacia un cierto tipo de extranjeros que está haciendo víctimas entre las personas que viven y trabajan decorosamente en Brasil. Siempre hay personas que acaban en los periódicos y que probablemente no lo merecen. Últimamente también los periódicos europeos han hecho eco a las noticias que llegan desde Brasil y quien llega a este país es tachado de turista sexual o pedófilo. Pero aquí también hay muchos europeos que trabajan, que tienen familia y que saben como están las cosas realmente. Brasil no es solo aquel de los bares pornos, que en el fondo fueron los mismos brasileños que nos hicieron soñar cuando en las vallas de propaganda turística aparecieron los glùteos de una brasileña en la playa de Copacabana.

¿Cuàles son los mayores obstàculos para quienes se trasladan a Brasil por negocios?

En primer lugar la burocracia, luego la dificultad a hallar a informaciones serias y profesionales y trabajadores calificados, los costos de arranque muy caros, cierto no comparables a aquellos europeos. Luego tenemos la parte de las visas y residencia que a veces se convierte en una real pesadilla. Las lentitudes hacen vivir en un estado de inseguridad en el que es difícil invertir. Obviamente, aparte de la burocracia que es difusa, no se puede generalizar con respecto de los otros inconvenientes. Existen diferencias sustanciales entre las grandes ciudades y el sur y el nordeste y el interior del país. Desaforadamente las áreas más bonitas del país y de mayor interés para los pequeños inversionistas son las más incómodas, pero en el fondo no es diferente de la realidad europea, specialmente en el pasado.

El 37,5% de ganancia

En enero del 2010 publicamos nuestro libro "INVERTIR EN BRASIL ¡QUÉ HACER Y QUE COSA NO HACER!", edición actualizada 2010, aquì os proponemos un extracto del capítulo "**Porque Brasil**" con 5 buenos motivos:

1) **No se deja por detràs, sólo problemas y un futuro incierto.**
En Italia el trabajo se acabò, incluso el no cualificado. El cualificado

que daba placer, así como independencia económica, como debería ser el verdadero trabajo, ya estaba terminado hace mucho tiempo. Así que no se arrepienta.

2) **Difícilmente en el futuro el cambio será más favorable.** El valor máximo alcanzado durante la primera elección de Lula fue de 1 euro por 4 reais pero todos los de América Latina parecían al borde de la quiebra. Argentina fue un fracaso y en Venezuela ocurrió el golpe que derrocó al Presidente Chávez y Brasil, por primera vez, parecía que el eterno segundo Luiz Inácio Lula da Silva del Partido de los Trabajadores podia tomar el poder.

Las cosas eran entonces como la conocemos: Argentina habia renegociado su deuda, Chávez volvió triunfalmente en Caracas y fue reelegido, Lula y la eficacia de convertirse en el nuevo presidente de Brasil, pero, contrariamente a los temores de los economistas, bajo su gobierno Brasil ha prosperado como nunca antes. Es sin dudas afortunado, porque gracias a la apertura del mercado a China, había una enorme demanda de materia prima en Brasil que es el principal exportador: soja, mineral de hierro, jugo de naranja, café, azúcar.

3) **El costo de vida sigue siendo relativamente bajo.** Se vive tranquilamente con $ 1000 por mes y como siempre se está de vacaciones ya no se gasta una cantidad de dinero para ir a la playa una vez al año.

4) **El interés sobre los Bonos del Tesoro de Brasil**, a pesar de que se hayan reducido, ahora se acercan al 10% de las acciones.

5) **El clima es excelente (al menos en el noreste),** lo cual significa una reducción drástica de los costos para la calefacción y la ropa. Bermudas, camisas polo y chanclas todo el año! Y los brasileños son amigables y serviciales. La media de edad en Brasil es de 28 frente a 43 en Italia. Y no se olvide de la música, excelente comida, etc ....

Ahora bien releyendo creemos realmente haber hecho un gran favor a los que ademàs de leer el libro lo siguieron. Considerando en efecto que a la época de la salida del libro el cambio era de 1 a 3, o bien 1 euro valia a 3 reais, quien hubiera invertido los fatídicos 200.000 euros se encontraría hoy con un valor equivalente a 260.000 solo gracias al cambio (hoy el cambio es par a 1:2,3, es decir un euro equivale a 2,3 reais) y de 286.000 euros, siguiendo la otra sugerencia contenida en el libro, incluso hubiera invertido en BOT brasileños.

¡La crisis es negra!

Alemania aliada a los Estados Unidos y a China está tratando de utilizar su posición dominante en Europa para cogerse no sólo la soberanía monetaria sino también la soberanía política de los países que tienen problemas de deuda. La excusa es querer mantener balances sanos. ¡En realidad bien sabemos que los Estados Unidos son curtidos más malos que algunas naciones europeas y que los alemanes deben su bienestar a la capacidad de EXPLOTAR SU POSICIÓN DOMINANTE en el área Euro, además de a los intereses monstruosos que los bancos alemanes cobran del debido soberano de los países PIIGS (Portugal, Irlanda, Italia, Grecia, España,)que para pagar tales intereses tienen que SOMETERSE A LA ESCLAVITUD!

Los americanos, a su vez, explotan la debilidad del euro para atraer capitales, última grande ocasión USA, para librarse de dólares para los chinos, antes del derrumbamiento final del uniforme americano.

Quien no logra tener balances sanos para evitar salir del euro tiene que ceder el control de las decisiones políticas a Europa.
Sobre estas bases Europa no EXISTE Y NO TIENE QUE EXISTIR.
Pero si nadie se queja el jugador que levanta la voz consigue lo que quiere.

Pero en realidad Alemania tiene todo para perder del default de Grecia u otros países, en cuanto los bancos alemanes detienen 520 mil millones de títulos de los países PIIGS. El default de los países PIIGS equivale al default de Alemania.

Por tanto, si los griegos aceptaran pasivamente la voluntad de los alemanes estarian perdidos. Si en cambio combaten y hacen una revuelta popular, obligan a los alemanes a correr a los amparos. Esta es una guerra y la estrategia mejor conseguirá enormes beneficios.

¿Por qué debería perder un pueblo su soberanía? ¿Cuáles son los beneficios de un europa alemana? ¿Qué haría la Alemania del pueblo griego? Simple, mandaría, impondría sacrificios, impondría sus empresas, sus productos. y difícilmente reenvidaría la economía y el espíritu de libertad de las personas. Una cosa era el concepto de Europa unida, una cosa aquel de una Europa alemana.

Mejor sería para Grecia no pagar la deuda…como hicieron muchos propietarios de casas con deudas subprime…antes que vivir esclavos de la deuda…e incapaces de pagarla... tomaron las llaves y devolvieron una casa sin valor a los bancos… haciendo derrumbarse el sistema.

¿Volverían los griegos atrás de 60 años? ¿Y que sería del problema? Recobrarían la gana de remangarse las mangas, la ganas de crecer y de crear las bases para una propia dignidad. Existirìa espacio para reenvidar el concepto de verdadera democracia y autonomía monetaria y política.

Ciertamente, los sacrificios serían grandes pero a menudo las elecciones vencedoras son aquellos más incómodas. También porque el chantaje al que tienen que someterse es muy pesado con muchas incógnitas sobre el futuro.

Pero desaforadamente es ya historia que los griegos han aceptado pasivamente la voluntad de los alemanes o, mejor dicho, de las FED y BCE y por lo tanto están perdidos.

Portugal, Irlanda, Italia, España y muchos países del este de Europa van por el mismo camino... (sólo con un poco de retraso, en cuánto tienen un poco más de ahorro privado y un poco más de tejido productivo pero la deuda acumulada y no la retomada lleva a las mismases criticidades vividas por los griegos).

La soluciòn podìa ser:

1) Los acreedores (que han cometido un azar cuando han prestado dinero) deben aceptar una renegociación de la deuda (conformàmdose de un 70% de lo que han invertido) tal como les ha tocado a los suscritores de obligaciones argentinas. Vale en efecto el mismo principio.

2) Europa tiene que emitir una deuda única y los recursos recogidos tienen que ser divididos de manera ecuánime entre los diversos países atándolas a los parámetros predefinidos y no sujetos al control alemán. A aquel punto ninguna ayuda a Grecia sería pedido a los individuales países europeos... (evitando que los países PIIGS tengan a su vez que aumentar la deuda soberana sufriendo el diferencial de tasa con Alemania y por lo tanto acelerando su proceso de carrera hacia el abismo).

3) El pueblo griego a este punto tendrá que aceptar sacrificios (los sacrificios tienen que ser divididos igualmente... también los bancos tienen que pagar y si no logran pagar tienen que ser nacionalizadas o tienen que fracasar... como debería haber tenido que ocurrir en marzo del 2009).

Desaforadamente eso no ha ocurrido y los griegos han aceptado pasivamente la voluntad de los alemanes o, mejor, de las FED y BCE.
Entonces ahora los PIIGS deberían sublevarse todos juntos y poner bajo presión (chantajeando) los alemanes... a aquel punto su economía sería aquella más a riesgo, en cuanto Alemania sería puesta en un rincón.
Tal como los americanos hacen con los grandes acreedores chinos. El deudor dicta las reglas al acreedor. Estos pueden hacerlo porque la suerte de China, por ahora, es atada a la deuda del EE.UU.
Alemania, desacreditando sòlo uno país pequeño (y de propósito nunca mencionando el país deudor más grande o bien Italia) está

evidentemente fugando posición sobre el chantaje respecto a los otros deudores periféricos.

Pero si todos los deudores periféricos, (PIIGS) se unieran... alemanna (o mejor dicho quien está detrás de ella) debería rendirse.

Los deudores tienen el deber de aliarse y de rebelarse... echando el pánico en los brazos de los alemanes... que verían el valor en bolsa de los bancos alemanes derrumbarse del 80%.

Desaforadamente los gobernadores de los PIIGS estan divididos y son incapaces de aliarse y el resultado son maniobras financieras de parte de estos países que pressupongono sacrificantes en "lágrimas y sangre", maniobras que no hacen otra cosa que ganar tiempo reinviando el default.

Nuevo récord por la tasa de desocupaciòn en Europa

Empeoran los datos sobre los niveles de paro en la unión europea. La tasa para los países de la eurozona ha rozado la cuota 9,6%, mientras para los 27 Estados miembros la cifra se certifica alrededor del 9,1%.

No llegan buenas noticias de parte de Eurostat sobre el mercado del trabajo a Europa. El despacho estadístico europeo tiene de algo concedido los datos referidos al pasado agosto, registrando una tasa de paro igual al 9,6%, el dato más alto jamàs registrado a partir de marzo del 1999 a hoy. Las cosas no van mejor por la cifra referida a todos los 27 Estados miembros de la unión: 9,1 puntos porcentajes, el dato más alto registrado a partir del mes de marzo del 2004.

Las últimas encuestas de Eurostat confirman el curso negativo puesto en evidencia en el curso de los últimos meses. La tasa de paro en el mes de julio en el área Euro fue igual al 9,5%, de poco debajo de los 9,6 puntos porcentuales de agosto pasado.

En el mismo período de referencia del 2008, la cifra se certificó en cambio alrededor del 7,6% a testimonio de la fuerte influencia de la crisis sobre el mercado del trabajo en el curso del último año. El nivel de paro en la Europa de los 27 fue igual al 7,0% en el agosto del 2008, frente a los actuales 9,1 puntos porcentuales.

Según el despacho estadístico europeo, en pasado mes de agosto el número total de desocupados llegò a cuota 21,872 millones en Europa (15,165 millones solo en la eurozona). En en cuanto un mes, el número de parados es aumentado pues de bien 236 mil unidades en la Europa de los 27 y 165 mil unidades en los países del área Euro. El dato se revela naturalmente peor en una perspectiva más amplia: con respecto al 2008, el número total de parados ha aumentado de más de 5 millones, con una punta igual a 3,2 millones en la eurozona.

Un evento que confirma los numerosos temores levantados en el curso de los últimos meses sobre el posible agravarse de las condiciones del mercado del trabajo en el viejo continente a causa de la crisis. El dato peor pertenece a España, que ha hecho registrar una tasa de paro igual al 18,9%. Las otras mayores áreas de sufrimiento en el frente del paro han sido notadas por Eurostat en Letonia y Estonia, países en los que el número de desocupados ha pasado respectivamente del 7,4% al 18,3% y del 4,1% al 13,3% en un año. Sensibles los aumentos sobre base anual también en Alemania, del 7,2% al 7,7%, y en Bélgica, del 7,5% al 7,9%.

El curso de la tasa de paro castiga menos algunos estados como los Países Bajos y Austria, firmes respectivamente al 3,5% y al 4,7%. El número de desocupados se mantiene sustancialmente estable en Italia al 7,4% (dato de junio del 2009) con respecto al 6,8% registrado en agosto del 2008 pero las prestaciones sobre el frente profesional del Bel Paese no pueden ser confrontadas con los recientes datos de los otros países europeos a causa de la encuesta trimestral del dato.

Además, Eurostat también ha publicado algunos interesantes análisis sobre la composición de la presa de los parados en Europa. La tasa de paro para los hombres es dada en un año por el 7,0% al 9,4% en la eurozona y del 6,7% al 9,1% en los 27 Estados miembros. Menos marcada la tendencia para las mujeres, cuyo nivel de paro ya fue más alto que el masculino: del 8,3% al 9,8% en el área Euro y del 7,5% al 9,0% en Europa de los 27, siempre sobre base anual. Por fin, la tasa de paro entre los under 25 registrado en el curso del agosto de 2009 ha sido igual a 19,7 puntos porcentajes en el eurozona y del 19,8% en los 27 Estados miembros. Un año hace tales datos fueron respectivamente igual a 15 y a 15,5 puntos porcentuales.

El nivel de paro en Europa ha asumido pues niveles comparables con los datos estadounidenses. Según las últimas encuestas, en efecto, en los Estados Unidos la tasa de paro ha tocado la cuota 9,7% durante el mes de agosto.

En esta situación vivir al extranjero y porque no en Brasil son una válida y segua elecciòn de vida.

La Piramide de las Necesidades de Maslow

¿Cuáles son las motivaciones que empujan un individuo al trabajo? Abraham Maslow, en los años 50', ha elaborado una teoría denominada "escalera" de las necesidades o "pirámide" de las necesidades. Ella parte del presupuesto que, puesto che un individuo percibe una necesidad, pone en ser los instrumentos más aptos a satisfacerlo.

Según tal teoría las necesidades percibidas por el individuo pueden ser divididas en cinco categorías y ser organizados según una precisa jerarquía, por lo cual una necesidad no motiva un individuo si éste no ha satisfecho primero las necesidades de nivel inferior en la escalera jerárquica.

A la base de la pirámide estan las necesidades fisiológicas, es decir aquellas necesidades relacionadas a la supervivencia del hombre (hambre sed, descanso, amparo9. Tales necesidades son las primeros a deber ser satisfechas y, solamente cuanto ellas son satisfechas de modo regular, surgen en el individuo las otras necesidades de nivel superior.

Siguen luego las necesidades de seguridad entendidas sea como seguridad física, garantizada por normas que tutelan la salud y la incolumidad de los trabajadores, que la necesidad de estabilidad del trabajo por lo tanto la asistencia contra el paro, las enfermedades y los accidentes. Sustancialmente se trata de necesidades relacionadas con el deseo de protección y tranquilidad.

Un peldaño más arriba en la escalera de las necesidades, encontramos aquellas sociales o bien el sentido de pertenencia al grupo, la necesidad de ser aceptados por los otros, de recibir amistad y cariño. Luego vienen las necesidades de consideración ya sea en el sentido de consideración de los otros que de autoestima.

Al último nivel de la pirámide encontramos las necesidades de auto-realizaciòn que consisten en el deseo de ser lo que se desea segùn las propias capacidades y a las propias aspiraciones y en querer ocupar una posición satisfactoria en el grupo. Según Maslow, una necesidad regularmente satisfecha no posee una elevada fuerza motivadora. Además, una necesidad no es motivadora si las necesidades de nivel jerárquico inferior no han sido satisfechas, por lo tanto para que una necesidad de nivel jerárquico superior emerja es necesario que las de orden inferior hayan sido todo satisfechas.

En las sociedades económicamente más avanzadas, donde las necesidades de nivel inferior de la escalera jerárquica son satisfechas comúnmente, como las necesidades fisiológicas y aquellas de seguridad, la motivación a la consideración y al auto-realizaciòn prevalecen sobre otras necesidades jerárquicamente inferiores.

La pirámide de Maslow ha sido objeto de bastantes críticas, por ejemplo:
•se dice que no necesariamente hay que pasar por todos los niveles de la escalera jerárquica, porque es posible que algunos de ellos sean saltados. En efecto los individuos pueden percibir las necesidades de modo diferente por que algunos pueden decidir satisfacer las necesidades de grado más elevado sacrificando otras de orden inferior;
•ocurre que en situaciones diferentes y en contextos económicos y culturales diferentes las escaleras de las necesidades de los individuos puedan ser diferentes;

•la teoría excluye que un individuo pueda ser empujado por más necesidades al mismo tiempo aunque con diferente intensidad.

Trabajar en sintonia con la vida

De los estudios ISPESL, sobre la salud física y mental de los trabajadores, emerge la importancia de trabajar de modo feliz y más económico.
El estrés de trabajo toca el 22 por ciento de los trabajadores. De estudios realizados por el Ispesl (Instituto superior para la prevención y la seguridad en el trabajo) emerge que un porcentaje incluido entre el 50 y el 60 por ciento de las jornadas laborales es perdido justo a causa del estrés, el que comporta un empleo de 22 millones de euros anuales por motivos de estrés trabajo-correlato.

Las causas de las molestias trabajo-correlatas pueden ser múltiples, entre ellas la introducción de las nuevas tecnologías, antes que nuevas formas contractuales flexibles, la tipología de profesión y la organización del contexto laboral. Molestias psicológico-psiquiátricas en crecimiento, atados a la adaptación o de tipo ansioso-depresivo a menudo son atribuibles a situaciones laborales enervantes y tocan sobre todo los sujetos incluidos entre los 35-44 años.
Como ya hemos evidenciado en otra ocasión, es fundamental transmitirles a los empresarios la importancia de crear un entorno sano y libre de la ansiedad, para conseguir no sólo un ahorro empresarial, pero también y sobre todo el bienestar de la fuerza obrero. El estrés y los conflictos en el trabajo, que se agudizan en los momentos de dificultad, obstaculizan principalmente la gestión de una crisis.
Según el británico National Institute for Health and Clinical Excellence (NICE), una de las responsabilidades para remediar el extenderse de estas molestias debe ser encontrada justo en la figura de los manager y ejecutivos, los que deberían reexaminar actitudes rígidas y autoritarias para dejar mayor espacio a

retroalimentaciones positivas respecto a los subordinados, dar mayor libertad y autonomía aumentando la autoestima y la autonomía en el trabajo.

Según la Campana Europea sobre la Salud Mental para "Trabajar en Sintonía con la Vida", es necesario:

• comprender y prevenir los factores que engendran estrés y problemas relacionados a la salud mental;
• ofrecer soporte a los dependientes que tienen problemas relacionados a la salud mental;
• desarrollar políticas empresariales para la reintegración e/o empleo de quien está enfermo de problemas psíquicos.

Incluso jurídicamente el término "salud" ha sido ampliado de modo significativo, indicando no sólo la ausencia de enfermedades o enfermedad, sino también un estado de bienestar psicofísico y social, introduciendo como factor arriesgo el estrés trabajo-correlato.

La salud psico-física del personal, se vuelve un punto imprescindible.

BURNOUT

Burnout es el "no poder más", la insatisfacción y la irritación cotidiana, la postración y el vaciado, el sentido de desilusión e impotencia de muchos trabajadores.

Algunos lo identifican con el estrés laboral específico de las helping professions pero la actitud de indiferencia, malevolencia y de cinismo hacia los destinatarios de la misma actividad laboral hacen de ello un contagioso virus del alma; sutil, invisible, penetrante.

Para afrontar el problema es pues aconsejable la adopción de un aproche preventivo. El contexto laboral actual, modelado por fuerzas sociales, culturales y económicas potencialmente peligrosas pone a dura prueba las organizaciones, forzadas a aumentar la productividad, a proyectar las gestiones y a resistir a la explotación oportunística. ¿Y los trabajadores? Interiorizan tales cambios y los transforman en estrés físico y psicológico.

Así el burnout se convierte en un síndrome de estrés más exclusivo de las profesiones de ayuda, pero probable en cualquier organización mal administrado, dónde se trabaja sin organización y con escaso e inadecuado pago.

¿Cuáles "historias" te cuentas?

¿Cambiar de vida? Ardua empresa. ¿Abrir una actividad sin capitales? Demasiado peligroso

¿Te ha sucedido alguna vez de renunciar a un objetivo importante sólo por qué creíste de no lograr realizarlo? ¿De no estar a la altura? Según Anthony Robbins, el formador motivacional n°1 al mundo y coach de líderes mundiales como Bill Clinton y Donald Trump, son "las creencias" que influencian nuestras acciones y por consiguiente, determinan nuestros resultados.

¿Qué son las creencias? Son aquel conjunto de pensamientos e ideas arraigado dentro de nosotros, aquellas convicciones que tenemos sobre nosotros mismos y sobre la relación con los otros, son los mapas que conducen nuestras acciones e influencian nuestro modo de ser y de actuar.

Tomamos en examen de las creencias que puede limitar nuestras actitudes. ¿Si un chico es convencido de ser un pésimo estudiante, como incidirá esta creencia en su rendimiento escolar? Es probable que no se empeñará más que el necesario, porque convencido de no poder mejorar su nivel.

¡La bonita noticia es que las creencias son una elección! Lo que eres es lo que eliges de ser. El modo en el cual vives es el que eliges de vivir. Tú tienes el poder de cambiar la realidad si sólo aprendes a focalizarte en re las creencias que te potencian, antes que en las que te limitan.

Este no quiere decir que basta solo una fuerte convicción para conseguir resultados: trabajar sobre las mismas creencias es un proceso que solicita empeño y constancia. He aquí entonces 3 "manantiales" para desarrollar creencias potenzianti:

1.**Ambiente.** "Pocos son capaces de expresar opiniones diferentes de los prejuicios propios de su entorno social.", Albert Eistein. Nuestro cerebro es una esponja que absorbe de manera inconsciente todo lo que ocurre alrededor de nosotros. Las creencias, las actitudes de quien nos circunda influencian inevitablemente las nuestras. Busca, por lo tanto, personas que puedan influenciarte positivamente, que estimes por los resultados que han alcanzado y que puedan ser para ti un modelo. ¡Sumérgete en su entorno y tu hàzlo tuyo!

2.**Experiencia.** La experiencia es el fundamento de nuestras convicciones, porque es atravès de ella que desarrollamos la visión de nosotros mismos y los otros. Crea ocasiones para vivir nuevas experiencias, para conocer nuevas realidades, nuevas personas. Más a menudo puedes ir al cine, leer cada día un periódico, frecuentar cursos de formación. Más sales fuera del entorno y de los esquemas limitantes que te han condicionado, más acumulaciones conocimientos y por consiguiente nuevas convicciones.

3.**Visualiza las experiencias futuras.** Tal como las experiencias pasadas condicionan nuestras acciones, el mismo vale si cada día enfocamos nuestro futuro. Visualizar la realización de lo que se ha prefijado allí puede alimentar notablemente nuestras creencias que nos potencian. Piensa en un objetivo de venta para este año: ¿es más fácil ganar10.000 euros o50.000 euros? Si crees más fácil ganar10.000 euro quiere decir que tiendes a limitarte. Asocias el dinero con la fatiga y éste influirá negativamente en tus prestaciones, creándote ansiedades y frustraciones en el trabajo y yendo a minar tus resultados. Al contrario, si crees que sea más fácil ganar50.000 euros, sabes de tener los instrumentos justos para realizar tu objetivo económico. Probablemente asocias el dinero con el bienestar y te gusta imaginar lo que podrás hacer después de haber alcanzado tu meta: comprar una casa más grande, ir de vacaciones con tu familia, tener más tiempo para ti mismo.
Estas visualizaciones serán el carburante que te empujará cada día a trabajar más y mejor para alcanzar tus objetivos. Recuerda: lo

que decides construir fuera y dentro de ti, será tu futuro..porque sólo tú tienes el poder de elegir quién ser y de vivir en el modo que deseas. Para profundizar estos argumentos aconsejamos la lectura del libro bestseller a nivel mundial de Anthony Robbins Como mejorar el justo estado "mentale,fisico,finanziario."

Equivocàndose se aprende: el valor del fracaso

Un conocido refrán afirma: "Equivocándose se aprende." Podría parecer una frase consolatoria, como decir: "No giremos el cuchillo en la llaga. No hagamos sentir, la persona que se ha equivocado, más en culpa de lo que es necesario." Pero en realidad es justo así: el fracaso puede ser un útil momento de crecimiento y aprendizaje. A menudo imaginamos que encontrándonos de frente a un objetivo de alcanzar en la esfera personal o profesional, podemos embocar dos calles diferentes: un constelada sólo de éxitos y satisfacciones y lo otra diseminadas exclusivamente de quiebras y de errores. Pero en la realidad no es nunca así y para llegar al éxito hace falta superar una serie de obstáculos y dificultad. Y solo afrontando y superando tales dificultades que se puede alcanzar la meta establecida. Como sostiene Thomas Lombardos Vence, entrenador de fútbol americano, "el mayor éxito no consiste en el no caer nunca, sino en alzarse después de cada caída." Evitar pues los errores es bastante improbable, pero ellos pueden ser transformados en momentos constructivos que ayudan a crecer y permiten de dar un paso más hacia la meta establecida. Para que eso sea posible hace falta evitar de ver error con una actitud de autocompasión, con sentido de culpa y pesimismo o buscando una excusa expiatoria.

El error, la posibilidad de equivocarse a menudo asustan al punto de poder frenar hasta cada decisión o acción: mejor no hacer nada que hacer algo de errado. "Equivocar es humano" dice otro refrán: pues, no hace falta tener miedo de los posibles errores. Más bien es justo el fracaso, a menudo, a determinar un cambio y el deseo de recorrer nuevas calles. Hace falta aprender de los mismos errores de modo de poder hacer de ellos nuevos puntos de fuerza. ¿Pero por què un fracaso no debe ser considerado negativo? Ante todo, como se ha dicho, cada error puede ser un momento de aprendizaje. Un niño pequeño aprende a caminar cayendo muchas veces y cada vez alzándose. De la experiencia, también negativa, se aprende y se adquiere la capacidad, en situaciones análogas, de no repetir el error. El fracaso aumenta la madurez, puede devolver más fuertes de lo que ocurre cuando todo procede por el verso justo, aumenta la capacidad de apartarse de situaciones difíciles. Cuando nos equivocamos nos paramos a preguntarnos si estamos siguiendo la calle justa, en cosa nos hemos equivocado, como podemos evitar volver a cometer los mismos errores, cosa tenemos que cambiar. Y porque no, el fracaso puede darnos la fuerza de dejar la vieja calle para recorrer las nuevas y puede revelarse, así, un notable manantial de nuevas oportunidades.

La satisfacciòn por el trabajo

La expresión job satistation fue utilizada por la primera vez por Hoppock en el 1935. En el curso de los años me sucedieron muchas teorías y muchas búsquedas dirigidas a tratar de comprender cuales factores determinan la satisfacción por el trabajo
El término trabajo indica el empleo de una energía por un objetivo determinado, pero en el lenguaje familiar también es usado para indicar fatiga, esfuerzo. No es un caso que a menudo el trabajo sea asociado con insatisfacción o a estrés. Según Taylor los trabajadores son persuadidos a trabajar sobre todo por el propio interés hacia el dinero, con la consecuencia que para ellos una situación laboral satisfactoria es representada por el poder de percibir un pago decoroso con el mínimo esfuerzo. En el 1927 Henri de Mano afirma en un texto suyo (La alegrìa del trabajo) que la comprensión, de parte del trabajador, de la utilidad social del propio trabajo puede hacer crecer su satisfacción. Entre el 1927 y el 1932 Elton Mayo y su grupo de investigadores conducen una serie de experimentos con el objetivo de evidenciar las relaciones existentes entre algunos factores como número de horas

trabajadas, frecuencia y duración de las pausas de descanso y el rendimiento en el trabajo. Tales experimentos demuestran un aumento constante de los rendimientos, pero sin que haya una precisa relación con los factores examinados. La hipótesis avanzada por Mayo es que la mejoría de los rendimientos es debida a una mayor satisfacción de los obreros sometidos a observación. En el 1935, R. Hoppock por la primera vez utiliza la expresión job satisfation. Él, además de construir un índice para medir la satisfacción general, afirma que el job satisfation no puede ser considerado separadamente con respecto a la satisfacción general en la vida. La satisfacción por el trabajo de un sujeto puede depender de muchos factores:

• contenido del trabajo desarrollado como tareas, modalidad de desarrollo de las tareas, entorno físico en el que el trabajo es desarrollado. Según Hackman y Oldham (1976) los trabajos complejos son, generalmente, más satisfactorios con respecto de aquellos principalmente repetitivos;

• clima organizativo, como relaciones que se crean con los otros trabajadores, con los superiores, sostén de parte de estos últimos, cohesión entre colegas, normas sobrepuestas sobre el lugar de trabajo, organización formal, innovación, presión sobre el trabajo, etc.. Mayo (1949) afirma que "el deseo de ser estimados por los propios similes, el asillamado instinto de asociación, es decididamente preponderante con respecto del mero interés personal";

• factores económicos. Por cuanto concierne la unión entre satisfacción por el trabajo y pago no todos los estudios llegan a las mismas conclusiones. Según Lawler (1971) la satisfacción en el sueldo depende no sólo de cuanto el dependiente recibe, sino también de la percepción de lo que los otros reciben y de la percepción de lo que él debería recibir;

• otros factores personales cuál personalidad, edad, título de estudio, entorno cultural de procedencia. Así, por ejemplo, con el crecimiento del nivel económico y profesional las personas, advierten generalmente más fuerte la necesidad de consideración y auto-realizaciòn.

Pero hay que precisar que estos factores no tienen la misma importancia en todos los sujetos: por lo tanto para algunos trabajadores podrían ser predominantes algunos de ellos, que podrían revestir en cambio una menor importancia por otros.

El discurso tìpico del esclavo

Uno de los aspectos más mortales de la actual cultura, es de hacer creer que sea la única cultura... en cambio es sencillamente el peor.

Bien los ejemplos están en el corazón de cada uno... por ejemplo el hecho que la gente vaya a trabajar seis días a la semana es la cosa más harapienta que se pueda imaginar.
Como se hace a robar la vida a los seres humanos a cambio de la comida, de la cama, del automòvil...

Mientras hasta a ayer creía que me habían hecho un favor a darme un trabajo, hoy pienso:
"Piensa estos bastardos que están robándome la única vida que tengo, porque no tendré otra, tengo solo ésta... y ellos me hacen ir a trabajar 5 veces... 6 días a la semana y me dejan un miserable día. ¿para hacer qué? ¿cómo se hace en un día a construir la vida?!"

Pues, mientras tanto uno no debe poner las florecitas en la ventana de la celda en la que es prisionero porque si no aunque un día la puerta será abierta no querrá salir...

Tiene que pensar siempre pesar, con una conciencia perfecta:
"Estos me están robándo la vida, a cambio de mil cuatrocientos euros al mes, si todo va, mientras yo soy una obra maestra cuyo valor es inenarrable"

No entiendo por qué un cuadro de Van Gogh tenga que valer 77 mil millones y un ser humano mil y cuatrocientos euros al mes, bien que vaya.

Según yo, luego, como hay un parámetro que, con las nuevas tecnologías, los provechos aumentaron de al menos 100 veces. ¡y entonces el trabajo tenia que disminuir de al menos 10 veces! ¡En cambio no! El horario de trabajo ha quedado intacto. Hoy sé que están robándome el bien más precioso que me ha sido dado por la Naturaleza. Piensa en la cosa más bonita que la Naturaleza propone, que es aquella de, supongamos, de hacer el amor, no?!

Imagina que tú vives en un sistema político, económico y social donde las personas son obligadas, con el que las vigila, a hacer el amor ocho horas al día. sería una verdadera tortura. ¿y por lo tanto por qué no debería ser la misma cosa para el trabajo que no es ciertamente más agradable de hacer el amor, no? Por ejemplo el hecho que la gente vaya a trabajar seis días a la semana... ciertamente tengo yo la mitra al cogote... lo hago, porque hago el discurso: "¿Mejor lamer el suelo o morir?" "Mejor lamer el suelo" pero lo que es horroroso en esta cultura es que "lamer el suelo" se ha convertido en hasta una aspiración, entiendes?

Pero es monstruoso que el tipo tenga que ir a trabajar 8 horas al día y tenga que incluso ser grado a quien le hace lamer el suelo, entiendes? Todo eso es "objetivamente" monstruoso, pero donde la conciencia produce conciencia, todo eso es "efectivamente" monstruoso.

"Si de acuerdo, pero la situaciòn es irreversibile"

<si, tù haces justamente un discurso en defensa de quien te oprime, por que es lo típico del esclavo, no?! El verdadero esclavo... el verdadero esclavo defiende al dueño, no lo combate. Porque el esclavo no es el que tiene la cadena al pie sino aquél que ya no es capaz de imaginarse la libertad.

Pero con respecto de lo que tú me has dicho ahora: cuando Galileo ha enunciado que era la Tierra a girar alrededor del Sol, habrá habido indudablemente alguien como tú, que le habrá dicho: "¡Si calro! Son 22 siglos que todos dicen que es el Sol que gira alrededor, ahora llegas tú a decir esta estupidez... ¿y como harás para explicarlo, a todos los seres humanos?" y él: "No es problema mio, señores."

"¿Entonces mira, nosotros mientras tanto te bajamos en un pozo y te hacemos decir que no es cierto, así todo vuelve en el orden de las cosas"... has entendido? Porque todo el occidente vive en un área de beneficio porque está robando 8/10 de los bienes al resto del Mundo. Luego no es que nosotros estamos viviendo en un régimen político capaz de darnos la televisión, el automòvil... no.

Es un sistema político que sabe robar 8/10 a 3/4 de Mundo y da un poco de bienestar a 1/4 de Mundo, que somos nosotros... por lo tanto, señores mios o nos despertamos... o hacemos de cuenta de dormir... o hace falta percatarse que estais todos muertos.

de Silvano Agosti

Vivir de renta

Y porque no y, sobre todo, sin avergonzarse de ser considerados ablandahigos. No es este la profesión más deseada del mundo.

Lo importante es tener claro que se puede cambiar de un día al otro lugar de residencia y a profesión, pero un estilo de vida no se improvisa. El viraje debe ser ponderado, mesurado, y, sobre todo, programado. También decidido de modo tranquilo tambièn por el resto de la familia, si uno no vive solo.

Para el occidente, pensar a la decrescita, no es solo inevitabile, es deseable, en cuanto es la única ocasión no conflictiva y no destructiva para ir hacia una sociedad más relajada, profunda y solidaria. En una palabra serena.

Utilizar una renta como subsistencia de vida puede parecer un sueño para pocos. En realidad, para alimentar los determinantes de la felicidad no existe sólo el aspecto puramente económico.

No es un delito pensar en una cierta fase de la vida de poder turbar el paradigma clásico renta=subsistencia y valorar alternativas que puedan satisfacer más la anhelada posibilidad de poderse por fin ocupar de la realización de las propias ambiciones sin producir las suspiradas "entradas" alternativas.

De hecho, las sociedades más avanzadas están llevando dinámicamente también hacia el ejercicio de la renta "de la persona" como principio de subsistencia gracias a su constante envejecimiento. En el Norte Europa es práctica comùn, y donde no tan éticamente censurable, dedicarse a actividad no centradas en la renta (hobbies, viajes, empeño social). Pensar que la renta porque sea tal tenga que ser hija de una situación patrimonial adecuada no es siempre determinante reviendo en la justa óptica las nuevas oportunidades también deduce un aceptable balance total viviendo ligeramente bajo los mismos medios, pero dando resalto a aspectos intangibles como bienestar, serenidad, satisfacción social se reposiciona el baricentro de la misma calidad de la vida y el ROI (retorno de la inversión) personal puede ser reexaminado bajo una nueva luz.

La disminución de velocidad drástica de la economía pone la atención sobre la necesidad de diferenciar los empeños en la propia vida, para llenar potenciales "tiempos muertos" forzados por un estancamiento del empeño laboral, tal como el deber pensar en una mejor redistribución de los recursos que garantizan un futuro que a dicha de todo "no será más como antes..." .

He aquí entonces hacerse adelante nuevos términos sobre que revaluar la calidad de la vida:

•Grado de control percibido por la propia vida actual y futura entendida como capacidad de poder decidir sobre de si mismo y el sentido de independencia que saca: proactividad hacia lo que actualmente nos condiciona: indudablemente El tiempo es en todo caso el recurso escaso y tampoco una renta "complaciente" a menudo puede ponerlo en tela de juicio; el dar una prioridad a los empeños implica una elección forzada reconocida como pérdida del control sobre la propia vida.

•Empeño de partecipación y relacional como ejercicio y colección de división por lo tanto de realización de los objetivos sociales congénitos al espíritu puro de la naturaleza humana (el éxito de las redes sociales no soy un caso).

•Desarrollo y aplicación de las aptitudes apartadas e irracionales: potencial no expresado a expresar y acaudalar haciendo cada vez más lábil el confín entre hobbies y actividades laborales rentables.

•Mejoría de la medida de los resultados alcanzada con base en la relación ganancia/tiempo profuso: El parametrizar el grado de logro de los objetivos personales no es sólo un instrumento empresarial de follow-up basado en los méritos.

Ciertamente, no es simple. Pero puede serlo, al comportamiento más responsable y superficial de cada uno de nosotros, se asocian políticas sociales adecuadas.
Mientras tanto, es necesaria una preparación mental. ¡Basta con pensar que vivir de renta sea un delito!
Del resto, la condena de un estilo de vida más relajada es muy antigua. Y se ha puesto anacronística.
Han pasado más que 200 años, desde cuando los poseedores del capital han empezado a llenar de insultos quién vivia de renta. Los trabajadores, en cambio, siempre han aspirado a ganar tiempo y a vivir cada uno según las propias necesidades.
Vivir de renta es una aspiración profunda, ancestral, que debe ser liberada. No hay que sentirse mal si, reduciendo los tiempos laborales y dedicándose a los propios pasatiempos o a la familia, lo máximo que se logre hacer en veinticuatro horas, sea leer un periódico o jugar un partido a ajedreces. Hace falta resistir a la vergüenza de sentirse perezosos, legado de condicionamientos sociales dilatado por siglos. Sí, alguien, será invadido por el aburrimiento, de la pereza y de un sentido de inquietud. En aquel caso, fundamental hay que recorda un "detalle": el tiempo robado al trabajo es un tiempo bien gastado, porque es útil a conseguir los deseos de felicidad y a dedicarse a las propias pasiones. Nunca

habríamos escrito y publicado nuestros libros por ejemplo continuando a sobrevivir en Europa.

Y luego, se tengan en consideraciones otros aspectos. Reduciendo el trabajo, se reducen los impuestos, también de modo sensible. Luego, se puede más fácilmente aceptar menos compromisos, imponer condiciones mínimas, solicitar una gestión personalizada de los tiempos de la prestación. Tomando menos en términos financieros se puede, en cambio, más fácilmente elegir un trabajo que más corresponda a los propios deseos y a las propias aptitudes. En este sentido, muchos desarrollan "el mismo trabajo antes pero con menor intensidad", a travès de las fórmulas de la consultoría o de la agencia. Otra han transformado el trabajo anterior en una actividad completamente independiente y también crítica respecto a la anterior profesión viciada por conflictos de interés y compromisos mercantiles. Realizar la pripia pasión siempre dará una íntima satisfacción, aunque a veces no bastará a la propia sostenibilidad financiera. De aquí la importancia de imponerse un estilo de vida y aprender a "revaluar" los mismos bienes inmateriales, para saberlos "escandallar." Redefinir los conceptos de la riqueza y la pobreza y las medidas del propio bienestar. Reestructurar el propio patrimonio, para que se adecue mejor al estilo de vida elegido. Redistribuir la mismpropiaa riqueza dentro del propio núcleo familiar, sobre todo entre generaciones, adelantando con pequeñas donaciones en vida lo que era destinado a un legado post mortem. Relocalizar la propia vida en un entorno sereno y querido. Reducir los consumos superfluos, más allá de que los impuestos y el tiempo de trabajo a tres cuatro horas al día. Reutilizar y reciclar, para recobrar valor, ideas, conocimientos y relaciones que pueden reconducirnos riqueza.

Utilizar el tiempo de modo alegre y siempre junto a otras personas. En América existe una amplia literatura sobre el time-management de la vida perezosa. Compartimos en máxima parte la impostación de planificación del yo, que se parece a aquella autodisciplina clásica mirante a no dejar más bien un solo día vacío y propenso a dejar huellas por cada día experimentado. Se aconseja ante todo escribir una lista de los propios deseos, (Anthony Robbins enseña.), teniéndolos así a mente y bien en vista. Se cree también útil construir un plan semanal de las actividades y un pequeño memorandum de lo que se quiere y se logra hacer, desanimándote así del desperdiciar el tiempo, porque te avergonzarás de admitir que todo lo que has hecho ayer ha sido el lleno de gasolina y pasar alguna hora delante del tv.

No se descuidan los pequeños consejos, tipo "no leer el periódico o mandar mail de primera mañana, porque te confundirán el cerebro con una marea de ideas inconexas." Lo importante, más allá de todas las sugerencias, es "no reproducir demasiado cerca, con estos esquemas, la rutina adquirida en el trabajo. Y vivir el pasaje a la "nueva vida" con tranquilidad. A pesar de los malestares de naturaleza financiera que, a la improvisación, el cambio podría dar.

Se piensas en el pánico de frente a cierta sostenibilidad, porque después de los cálculos han sobrevenido imprevistos, menores entradas, mayores salidas. El consejo siempre está en dirección de una racionalización, cuyo manera eventualmente seguir una consciente revisión de algunos elementos del propio modelo: un menor abandono por la sucesión, una reducción de los costos, una reorganización de la cartera.

Como se ve el pasaje a una vida más cómoda sólo puede ocurrir por una seria programación. Y solo siguiendo y haciendo cálculos, previsiones, podrán permitirnos de mantener un estilo de vida más relajada. Nunca, pues, se te suban los humos a la cabeza para elegir de vivir de renta que no es alguna un invitación a vivir en el lujo una vida desenfrenada y exaltada, sino vivir de modo lento y poco competitivo.

Por esto, la palabra mágica, fundamental para pasar a una vida perezosa, es planear. También elegir de modo adecuado el tiempo en el cual cambiar el modo de vivir. Porque, por ejemplo, es preferible no empezar a vivir de renta después de un luto, un momento infeliz. Y luego cuantiar con precisión los recursos necesarios a vivir después de haber reducido horario y entradas de trabajo.

El tiempo es la cosa más preciosa que un hombre puede gastar

Teofrasto

Salir de la deuda

Importante en las primeras fases es aprender a: salir de la deuda, controlar los propios consumos, administrar de modo consciente los propios bienes, aprovechar de las técnicas financieras del no actuar, crear capital social en familia y en la comunidad.

Más en detalle: no quedarse solos, más bien comunicar con los otros, no usar formas de crédito al consumo, eliminar tarjetas de crédito, tener una actitud conservativa de wealth-protection, hasta no convertirse en un gran acreedor, controlar los efectos, premiarse con los resultados.

Pues, una vez comprendida la necesidad de cambiar de una vida que gira alrededor de los hipermercados para alcanzar la independencia por la sobriedad, hace falta empezar a valorar: si pedir en antelación la jubilación u optar por la semi-jubilaciòn, como hacer rentables los propios inmuebles, como administrar un préstamo.

Y todo esto, siempre teniendo en mente que, para vivir de renta, hace falta evitar los derroches, la carrera a la emulación y aceptar el regalo.

Para concluir, es posible modificar bastante el propio estilo de vida, pero es un ejercicio que se afina con el tiempo. Aristóteles y Chechov bien dicen: "la excelencia como la vulgaridad, no son un acto individual sino un comportamiento." La estrategia del downshifting (sencillez voluntaria), es un elemento decisivo: sin embargo, no bastará a vivir de renta. Lo importante es una constante vigilancia, porque siempre puede haber fuera algo del presupuesto: una renovación de decoraciones, rehacer el baño, un dentista, una vacación que necesita costos, un año de tasaciones imprevistas, y en Brasil la "burrocracia" y los impuestos son a veces imprevisibles. ¡por estos aspectos recomendamos la guía práctica "Invertir en Brasil! ¡Que hacer y que no hacer!. Hace falta evitar basar un proyecto de sólo vivir de renta sobre la idea de contener los consumos. Se necesitan otras cosas. Hacen falta: elecciones sobre que se quiere dejar a los otros en vida y después, correctas y honestas consideraciones sobre la fruibilidad del patrimonio familiar, una eficaz impostación de planes de previdencia, un constante control del propio patrimonio, la puesta a renta, en fin un empeño de tutela del patrimonio público y buen empleo de los bienes comunes.

A menudo, la zona en que se mueve con mayor espontaneidad, es aquella más insidiosa. Porque nos protege y alienta, pero sólo en apariencia. Los objetivos del trabajo, síntesis de muchas experiencias profesionales y de vida, es inspirar la salida de este área de falso consuelo, hacer saber que otras personas lo han hecho y explicar como lo han logrado. Por esto en del libro hemos reconducido historias verdaderas de algunas de estas personas.

Hay quienes son capaces de cumpliar este paso solos. Quien, en cambio, necesita una comparación con un amigo o un profesional. Quien, todavía, hace más fatiga y necesita un psicoterapeuta, porque necesita un cambio más amplio y al mismo tiempo más profundidad, teniendo mayores resistencias inconscientes.

No es importante el modo con que se llega lo fundamental es el cambio. Dejarse atràs, si se tiene de veras ganas, aquella zona gris de estatismo, impotencia a actuar y a ser algo diferente.

"Ésta es la única vida que tenemos: tanto vale jugarsela de la mejor manera, no tengas añoranzas tardías y llegar a una verdadera sintonía entre los intentos y la manera."

Muchas veces el cambio nace de input externos. Y es automático. Cambia la economía y la sociedad, la existencia de las personas, las relaciones, las escalas de valores. Y en esta crisis global nadie puede permitirse de quedar simple observador del fenómeno. Usted está obligado a protagonista. Más bien, es mejor ser actores del cambio antes que padecerlo pasivamente. Ésta parece ser la verdadera clave para construirnos una existencia que nos asemeje lo más posible. Se piensas a cuanto sea cambiado el mercado del trabajo. Muchos treintañeros no saben cosa quiera decir tener un "trabajo fijo", aspiración primaria de las generaciones anteriores, que lograron a hacerse una familia con la actividad "eterna." A construir una casa. Hoy, el trabajo fijo deja cada vez más espacio a la iniciativa privada. Por ésto conviene agarrar el toro por los cuernos, retomar en mano la propia suerte para dirigirlo en el modo más congenial a cada uno. Pero cierto, todo esto tiene un precio. Los cambios llevan consigo dolor, ya que desordenan la vida de quién afronta ellos. ¿Y entonces? Lo importante, es que sean ponderados, mesurados, graduales. Y, sobre todo, "reconocidos". En este sentido, hace falta aprender a escucharse, cosa para nada fácil pero fundamental.

Pues, el empujón al cambio no va nunca inestimado. Puede nacer de sentimientos negativos (ansiedad frustración, sentido de inadecuación) pero que deben ser indagados, porque portadores de un sentido más profundo. A menudo la vida que conducimos no es conforme con nosotros. La "CRISIS" puede convertirse en así una gran oportunidad de renovación, una buena "ducha fría" gracias a cual hallar motivación, fuerza e inventiva. Y esto sin dar peso a la edad.

A menudo, la 'salvación', que se percibe en edad madura puede residir justo en estas seis palabras:

" Ir, a menudo, es mejor que quedarse"

¿Has decidilo huir de Europa?

Por muchas profesiones la presencia física "en el despacho" se pone cada vez más marginal, mientras que internet y el ordenador permiten una presencia "diaria" en la guía de una empresa o una sociedad. El turista empieza a convertirse en residente. La elección de una nueva dimensión prevalece sobre la superficial curiosidad. En fin se muda de casa, nación, lugar de vida, costumbres para siempre o por algún mes al año. Gastando menos mucho menos que en patria y viviendo mucho mejor. Es, justamente, la fuga flexible, al alcance de todas las carteras. A pacto naturalmente de cercenar algún puente y armarse de necesario ánimo.
Hoy parece que son sobre todo los jubilados a dejar Europa, por cuatro fundamentales motivos:

1.   porque sólo la jubilación asegura una entrada mínima, para afrontar con razonable estabilidad el arraigamiento en lidos lejanos

2.   porque el jubilado tiene menos lazos que cortar

3.   porque los hijos, ya grandes, todo sumado aseguran una rosca de seguridad en caso de un arrepentido regreso

4.   y luego porque un pie acá y un pie allá permiten hasta una fuga part time, invierno a los trópicos y primavera en Europa.
Pero la tendencia también está interesando a los jóvenes decepcionados de la misma tierra. El trabajo en Europa cada vez más precaria, los chicos piensan, se puede desarrollar también al extranjero, viviendo de modo deseado. No es todo. Aumentan los solteros que tienen mayor libertad psicológica y material en el elegir el sitio en que vivir. Hoy, luego, no sólo en el álveo de la izquierda, pero en muchos otros entornos, la asfixia política, la imposibilidad de participación, el asco por el carrierismo y la corrupción acaban empujando muchos a buscar en otro lugar las raíces de más profundos valores.

¿Algún número?

Solo en el 2005 han sido aproximadamente 19 mil los inmuebles residenciales adquiridos por los europeos más allá de la frontera, con un incremento del 80 por ciento con respecto de los datos de una década antes. Está en los últimos años, del 2006 a hoy, la tendencia se confirma con una media de incremento del 10 al 15 por ciento.

Hay muchos jóvenes empresarios implicados en la fuga flexible en el campo de la construcción, de la restauración, de los servicios turísticos. Este últimos consideran inútil la permanencia al extranjero durante la "estación muerta" que, entre el otro, a menudo coincide con la época de las grandes lluvias o en todo caso del mal tiempo aunque en el nordeste de Brasil prácticamente estas condiciones atmosféricas tan marcadas no existen.

Muchos adquieren la casa al extranjero y por algunos meses al año la utilizan personalmente, por otros meses la alquilan a otros conocidos o la dan en gestión a las numerosas agencias locales que desarrollan este papel. Otros no adquieren una casa, pero optan por un alquiler temporal, que a menudo cuesta sólo alrededor de 250 euros al mes, volviendo a transcurrir el verano en Europa. Es justamente esta 'flexibilidad' que ha multiplicado las 'fugas' al extranjero, porque esta solución aparece no como una última playa, como lo era para nuestros viejos emigrantes, sino como una oportunidad para entrar y salir. En línea general es posible hipotizar que la mitad de los nuevos domiciliados al extranjero pertenezca a esta categoría "flexible."

Como numerosos psicólogos opinan un feliz cambio no es la destrucción de la propia vida anterior pero una evolución que salva lo salvable y mejora lo mejorable. En efecto a nosotros nos gustan las expresiones y/o lugares comunes, a nuestro modesto parecer también limitante, tipo: dejo todo, escapo al exterior, cambio vida y no vuelvo, etc.

El secreto, si existe un secreto, es planear e informarse, como estás haciendo en este momento leyendo este libro.

La preparación a la elección de una "fuga" feliz presupone algunas condiciones. Ante todo el conocimiento del lugar, donde ir. Brasil es un continente, no lo olvides nunca. Se tiene que pensar a las propias posibilidades económicas, a los propios gustos climáticos, a la capacidad de conformarse con la gastronomía local, hasta al justo estado de salud. Es a propósito de salud refutamos algunos mitos. Y es decir que en en América latina la asistencia sanitaria sea de tercer mundo. En la red de hospitales y clínicas privadas médicos de probada experiencia y capacidad trabajan, obviamente siendo privada hace falta pagar los servicios en su momento o adherir a una aseguraciòn sanitaria.

Los italianos de clase social mediana no tienen mucha experiencia de fuga al extranjero. Por un motivo muy simple: no tienen gran tradición colonial a las espaldas y los únicos a partir en el pasado fueron las clases sociales "obligadas" a la elección de la emigración. Los ingleses, los franceses, los estadounidenses también tienen en su ADN la costumbre de una movilidad hacia las colonias de parte de las clases sociales media y alta. Muchas ex posesiones exóticas de estas naciones todavía son muy visitadas por nuestros amigos europeos que, digámosnoslo, no han parado nunca de considerar algunos territorios como sus tierras de ultramar.

La filosofía que mueve a la "fuga" y' simple:
"Entre encontrar un trabajo precario en patria y buscar un trabajo precario al extranjero, elige la segunda hipótesis y al menos gozo del sol de los trópicos."

Luego es fácil prever no sólo un aumento del fenómeno, sino también una "jovenalisaciòn", aumentan a medida que las dificultades de inserción económica en patria.

Hay en este fenómeno un aspecto positivo, dado por la nueva conciencia que la vida debe ser vivida con plenitud y creatividad. Y esto lo piensan sea los jóvenes sea los sesentones, que hasta hace pocos años parecian relegados en Europa en una especie de "geriátrico" de los pobres. Pero también hay algún lado negativo. Muchas costas del Nordeste del Brasil y no sólo están conociendo una suerte de cementificaciòn igual que en Europa en los años 60' y 70'. Empresarios sin gusto y escrúpulos compiten entre ellos para "ofrecer" a bajo costo apartamentitos y chalés a un mercado europeo, sin cuidarse de los daños ambientales que producen. El otro problema que a menudo el europeo italiano tiende a hacer vida cerrada en su propia comunidad, en sus círculos y en sus frecuentaciones de "grupo". El significado de la "fuga" debe buscarse en la elección opuesta: entrelazar una relación con la población del nuevo lugar que se elige y, sobre todo, tratar de hacerse útil con muchas posible formas de ayuda y solidaridad.

La sociedad que cambia

Rabia: se podría definir el mal del siglo y no se exageraría. Mirémosnos alrededor. Parece que la agresividad connota cada gesto cotidiano. Stalking, mobbing, bullismo, huéspedes televisivos que gritan en tv, conductores que construyen en teoría conflictos, reality espectáculo realizado con el objetivo de hacer enfadar los participantes. También se ha puesto difícil de soportar los ruidos de los vecinos. Tanto que se coge a menudo la pistola y se les dispara contra. ¿Y los medios de comunicación? Para llamar la atención de los lectores amplifican algunos detalles inquietantes. ¿Pero qué está sucediendo y, sobre todo, irá cada vez peor? Quizás sí, si no lográramos reorganizar los problemas cotidianos y volver a ver la escala de nuestros valores y si siguiéramos viviendo aislados.
Es una emoción primaria, la rabia como la alegría y el dolor, que forma parte de las emociones del ser humano y nos acompaña, de modo más o menos constante, en el entero curso de la existencia. También puede ser una señal de alarma que nos advierte de una amenaza del exterior, pero también que en aquel entonces algo está tomando ventaja sobre nosotros, en nuestro cerebro. Es una emoción que no tiene una connotación negativa. Puede ser, en efecto, un fuerte estímulo hacia el logro de una meta. Puede ser el empujón para actuar y reaccionar respecto a circunstancias para nosotros desagradables. Otras veces puede ser la sensación insoportable de haber padecido una injusticia y en aquel caso nos da la carga para tratar de conseguir el respeto de los otros y nosotros mismos.

Si la usamos para conquistar una meta, reforzar una decisiòn, combatir una injusticia, no nos dañará. Si es en cambio sólo un modo de reaccionar a la frustración, causando repetidas heridas mentales, a los otros y a nosotros mismos, será obviamente dañina.

Tomemos a los jóvenes y la nueva violencia que los concierne. En la sociedad del pasado era inimaginable que un joven de catorce años fuera por la tarde por ahí por la ciudad con un cuchillo en el bolsillo, que hiciera empleo de alcohol y drogas. No habian rave party, no existian las discotecas que abrian a medianoche. Los catorceañeros eran niños y estaban en la escuela. A propósito de la escuela: habia disciplina, meritocracia, castigos, reglas, todas cosas desaparecidas y he aquí que florece el bullismo, la transgresión. No existian internet y por lo tanto los chicos no podian poner sus "aventuras" filmadas en red, no podian hacerse hacinamientos como héroes negativos.

La televisión tuvo bonitos programas, edificantes, no existian bailarinas y tronistas, no se le proponian a los jóvenes modelos inalcanzables.

Antes no habia la posibilidad de ambicionar a muchos status symbol, a robar a un compañero para tener el celular a la última.

El tráfico era menor y por lo tanto menor la "rabia" de tráfico.

Las mujeres no abandonaban a sus maridos, no existia el divorcio, y no habia por lo tanto una furia homicida de algunos hombres frustrados que cada vez más a menudo recurren al stalking y a la furia homicida.

Sí, es esta sociedad que engendra esta nueva rabia.

Una vez las mujeres tenian dentro toda la propia rabia con el efecto de padecer de muchas molestias, colitis, dermatitis etcétera, y de sentirse sin parar a frustradas y deprimidas. Hoy la mujer logra ser agresiva, pero la suya se convierte en una elección, visto que: su biología no lo preve, le falta la gran cantidad de testosterona del hombre, la hormona que lleva a la agresividad. La elección ocurre desaforadamente cuando la mujer tiene que hacerse espacio en el mundo del trabajo, cuando consigue el poder. Esta agresividad femenina es una làstima, no le queda bien, asusta. Sería mejor que encontrara otros canales para desahogar la propia rabia.

El objetivo del trabajo es ganarse el tiempo libre

Aristóteles

CAMBIAR DE VIDA È' A NUESTRO ALCANCE

Una breve historia: Luca es un importante ejecutivo de una multinacional: tiene un sueldo fabuloso y todos los privilegios del mundo, pero está cansado de dedicar a su trabajo 14 horas al día, de dar la mitad de su tiempo en viaje, está cansado de reuniones inútiles y de proyectos frustrados.

Cada vez que nos vemos me cuenta algún nuevo proyecto de vida, nuevas ideas que le pasan por la cabeza que le permitirían de poder cambiar su vida. Algunas son ideas realmente irrealizables, pero la mayor parte tienen un sentido y, si sólo se lo propusiera seriemente, sería capaz de realizarlas. En cambio, apenas ha acabado de de enumerarmelas siempre encuentra alguna excusa, un motivo que le impide realizar sus proyectos. Hijos, prèstamos, gastos. siempre hay algo que le impide creer en serio en la posibilidad de cambiar de vida. Quizás sea por ésto que todos sus discursos inician con "Ay, si ganara a la lotería..."

"Somos responsables de nuestra vida. Nuestro comportamiento es un resultante de nuestras decisiones, no de nuestras condiciones"(Stephen Covey).

Todos antes o después hemos soñado como cambiaría nuestra vida si venciéramos a la lotería. Pero a la lotería no se vence casi nunca, y hacer depender nuestros proyectos de esta posibilidad quiere decir engañarnos. Entrar en un despacho de billetes y observar una "muchedumbre de gente" que nerviosamente "rasca y rasca" con la cabeza baja y dobladas, cartulinas a forma rectangular es uno de los espectáculos más tristes a los que se puede asistir en los últimos años. Cambiar de vida no depende del caso, sino de nuestra voluntad. Depende, sobre todo, de cuanto en serio lo queremos y de cuanto, después de habernos convencido, somos capaces de realizar un buen proyecto, afrontando este proceso con el rigor y el método necesario para eso se vuelva realidad y no quede una mera fantasía.

Cambiar de vida presupone ser capaces de mirarse dentro y saber analizar todos aquellos aspectos que nos engendran insatisfacción. Presupone ser capaces de reordenar todos los trozos, para reconstruir un proyecto del que nos sentimos responsables, y con el que deseamos confrontarnos.

Todo tenemos un sueño que querríamos ver realizado porque nos haría particularmente felices y que sabría dar un nuevo sentido a nuestra vida. Identificarlo es fundamental para poder iniciar a veces el proceso de cambio y esto nos resulta difícil, porque somos esclavos de miedos, dudas y responsabilidad que ofuscan nuestro juicio y que nos impiden ver este sueño. A menudo lo que deseamos no es inalcanzable, más bien se puede presentar bajo forma de actividad que sólo ejecutamos esporádicamente, o complementario a nuestra profesión, pero que nunca pensaríamos como opción de un posible cambio de vida.

Otras veces en cambio tenemos que buscar en nuestro pasado lo que un tiempo nos ha vuelto satisfecho y felices.

En todo caso no todos los sueños que seamos capaces de identificar serán útiles. Esto porque para poder cambiar de vida los sueños tienen que ser realizables, y eso significa que deben satisfacer al menos tres criterios :

•en primer lugar tiene que ser una actividad que sabemos hacer bien (es mucho más fácil realizarse en algo que ya sabemos afrontar antes que tratar de conseguir una mínima experiencia en algo que no sabemos hacer)

• en según lugar tiene que ser algo con que podemos mantenernos (soy que evitar ideas románticas que no constituyen un medio de sustentación. Ahora bien, el quiosquito en la playa y "exportar la piadina romagnola" no es una verdadera sustentación económica).

• en tercer lugar tiene que ser algo que nos haga sentir felices y realizados, hacer algo que nos gusta es la mejor garantía de éxito.

Para realizar nuestros sueños tenemos que saber reorganizar nuestro tiempo. A menudo nos convencemos de no tener bastante tiempo para hacer todas las cosas que querríamos, pero en realidad lo que ocurre es que utilizamos mal nuestro tiempo.

Tenemos que aprender a dar la prioridad a todo lo que permite a nuestros sueños de realizarse. Moverse por prioridad es el secreto para controlar el propio tiempo.

Tenemos que parar de gastar tiempo en cosas inútiles y en empeños sin sentido, y este se aprende sólo iniciando a decir no a todo lo que no contribuye a hacer posible nuestro proyecto. Ciertamente decir que no no es fácil, porque a nadie le gusta ser antipático o decepcionar los otros. Por esto, pagamos un precio muy alto, es decir no podernos ocuparnos de lo que realmente nos interesa, y no nos damos cuenta que renunciamos a nuestros proyectos por tareas o que no nos interesan.

Tenemos que decidir ante todo lo que nos sirve para alcanzar nuestra nueva meta, y olvidarnos de todo lo que podemos prescindir. Estamos acostumbrados a rodearnos y buscar muchas realmente más cosas de lo que nos sirven: a menudo buscamos en los objetos que adquirimos una forma de compensación a nuestra infelicidad y a insatisfacción, que vienen allí del trabajo, del estrés y de las tensiones. Otras veces la presión externa nos convence y nos hace creer que aquellas son las cosas que necesitamos. Sin duda nada nos aparece así bonito y maravilloso como algo que no poseemos, pero en cuanto lo adquirimos la ilusión se desvanece, ¿nos habéis pensado nunca?

Además todo lo que se acumula en nuestras vidas lleva con si trabajo y preocupaciones nuevas: lo que compramos debe ser mantenido, cuidado, reparado, protegido...luego además de comprar objetos inútiles, que nos parecieron necesarios a su tiempo, nos volvemos esclavos.

Tenemos que entender que es lo que realmente necesitamos para realizar nuestro proyecto: es mejor emprender un viaje con lo que puede ser útil que encontrarnos en dificultad para haber elegido mal que llevar. De este modo evitaremos preocupaciones y simplificaremos nuestra vida y seremos capaces de buscar la felicidad donde realmente debe ser buscada.

Cuanto más estamos obsesionados por nuestro trabajo, más nos concentramos sobre nosotros mismos, descuidando nuestras relaciones y alejándonos de las personas. Es paradójico ver como somos capaces de dedicar nuestro tiempo y nuestros esfuerzos a relaciones de trabajo, en detrimento de las que en cambio representan las más importantes, las fundamentales. Tenemos que aprender a tomarnos cura de nuestras relaciones interpersonales, dedicar tiempo y trabajo, porque son estas relaciones las únicas que nos permitirán de crecer y de desarrollarnos como personas. La construcción y la cura de las relaciones es a largo plazo una inversión.

Tenemos que entender quienes son las personas a las que somos más atados, cuales son aquellas personas que querríamos como compañeros de viaje en nuestra nueva vida. Serán aquellos las personas que nos harán estar bien y que sabremos hacer estar bien; las que nos sabrán ayudar y que nosotros sabremos ayudar. Es obviamente un trabajo de selección, abrirnos a demasiadas personas es la mejor garantía de fracaso y el esfuerzo que solicita mantener relaciones de amistad con demasiada gente amenaza de ahogarnos.

Saber construir y saber cuidar una relación interpersonal significa ser capaces de abandonar rencores, resentimientos y roces, y ésto es necesario para poder crear el espacio que nos sirve para mantener las relaciones que realmente nos son queridas. Este sobre todo porque sentir rencor significa darle a la otra persona un grande poder sobre nosotros.

Saber ver los lados positivos de las personas y abandonar los defectos es un buen paso, todos tenemos sea unos y los otros, y saberlos reconocer en los demàs también nos ayudará en la relación con nosotros mismos.

"Cuando venzas tu miedo conquistas tu vida"
 (Robin S. Sharma)

El miedo es el gran freno en cualquier proyecto de cambio de vida. Nos sabe sorprender en el momento peor y en el modo peor, exponiéndonos de modo esencial todos los peligros a los que nos exponemos, haciendo derrumbarse cada nuestra decisión.

El miedo nos hace perder muchas oportunidades: por culpa del miedo nos encerramos en nuestro círculo de seguridad y renunciamos a explorar nuevas calles, nuevas posibilidades. Perdemos nuestra vitalidad y nuestra capacidad de juicio.

Tenemos que saber mirar el miedo a los ojos y no dejar que nos condicione la vida.

Pero no podemos, y no debemos, eliminar el miedo de nuestras vidas, porque es el miedo que nos hace estar en guardia, pero tenemos que saber identificar sus señales y ser capaces de saberlo parar a tiempo cuando exagera. Tenemos que dejar que nos proteja, pero sin permitirle de anularnos.

Si controlamos nuestro miedo seremos capaces de explorar nuevos horizontes, probar a hacer lo que habríamos querido desde hace tiempo, pero que no nos hemos arriesgado nunca a afrontar, iniciaremos así a liberar nuestro verdadero potencial humano.

Controlar el miedo hará posible el cambio
anónimo

Consejos para cambiar de vida

El fenómeno del downshifting, incluso en el más amplio concepto de simple living, (vivir en sencillez) que el "Belpaese "también está contagiando y que a nosotros nos gusta traducir con la expresión "sencillez voluntaria."

Una práctica no muy reciente. En los años 70' filósofos como Jean Baudrillard (La sociedad de los consumos,1970) y André Gorz (Ecología y política,1975) teorizó la necesidad de décroissance, decrecimiento, que se basa en la toma de conciencia la insostenibilidad, a nivel individual y global, de ritmos de desarrollo demasiado veloces.

Hoy, como hace treinta años, los partisanos de la lentitud creen que se tiene que hacer más velozmente todo el mejor posible y no el posible.

¿Pero quiénes son los partidarios del ir lento? Sobre todo profesionales con un óptimo trabajo, licenciatura, especializaciones varias. Que pueden elegir. Tienen este privilegio. Y lo hacen, optando por un estilo de vida a medida de ser humano, casi"ecologico."

Se trata de personas que han decidido renunciar a maratones laborales estresantes para tener más tiempo libre de dedicar a la familia, a los propios pasatiempos, a los amigos. Hombres y mujeres que, de frente a una crisis económica mundial, al agotamiento de las riquezas del planeta y a la aridez de la misma existencia, empiezan a replantear el propio estilo de vida. A darle una huella más "oriental", frugal, menos determinada por el impulso, a veces maniacal, al consumo. Y menos "conexa."

El downshifter es el que recobra la propia esfera emotiva, privándose de chances de carrera, éxito y dinero. Es aquel que invierte en el concepto de felicidad, en espera que elecciones individuales se conviertan en moda, capaces de transformar nuestra sociedad y nuestra rígida división del trabajo.

Beh, un ejemplo por amor de la verdad viene del fenómeno que, por error, muchos sociólogos indican con el término "mammi." En realidad son los padres que están recobrando su dimensión emotiva, negada por demasiado tiempo. ¿Qué hacen? Reducen el propio horario de trabajo para estar con los hijos, en lugar de sus compañeras.

¿Cómo tomàrsela slow?

Ciertamente, una meta ambiciosa, la de volver a ver las bases de la misma vida. No es para nada fácil parar de "hinchar" de trabajo los días, dar más espacio a la esfera afectiva y recobrar una dimensión más 'eco-compatible.' Pero se puede intentar. Y la palabra de orden tiene que empezar a ser para todos: trabajar menos, gastar menos, consumir menos, para tener más tiempo para sì mismos. Para haraganear. Y a lo mejor para ser más creativos. Debería transformarnos en artesanos que obran de modo lento, pero con cuidado y pasión.

Alto a las compras inutiles, que se vuelven a menudo una segunda profesión, a la carrera que nos engaña, porque nos hace sentir vivos, en cuanto productivos. Bando a cada ilusión. Pocas cosas para saborear mejor de ello el placer. No al azar uno de los intereses de los downshifters es la alimentación. Abajo los fast food y los congelados. Mejor comer manjares listos con las propias manos y de modo más auténtico. Así se gratifica y se ahorra. En este sentido está aumentando el número de los asillamados gastrónomos en la era de internet. Se trata de los foodies que una búsqueda del Negroni ha estimado en más de 4 millones de europeos. Son los amantes de la buena comida que, curiosos de coger los humores de los lugares, van a comer en cada rincón y buscan rareza. Es una nueva manía: no más viajar para comprar, pero aprovechar el viaje para llenar la despensa de especialidades locales.

Si ahorrar, vivir mejor y de modo más sano, respetándo a nosotros mismos y el ambiente, parece complicado, podríamos mirar a las mujeres chinas y a algunas sanas costumbres que todavía conservan. Sí, justo el gentil sexo de aquella potencia económica que va veloz, pero sin tener prisa, puede ser un buen modelo.

Allí las mujeres no echan el agua con que hacen hervir el arroz. La reutilizan, también porque rica en almidón, regando las plantas. Los restos de pastilla de jabón que usan para hacerse el baño son amalgamados y transformados en detergentes para los suelos. Y luego, para humedecer los entornos en China las mujeres ponen el pan mojado sobre los radiadores. Como un poco se hacia en Europa hace una veintena de años.

La slow economy, el capitalismo con la conciencia, al cual las potencias occidentales deberían mirar, quizás, con más atención. No se trata de volver atrás pero, por ejemplo, de volver a ver nuestros indicadores de riqueza de los Países. ¿Cuándo usarán los Gobiernos occidentales el Fil,(la tasa de felicidad interior bruta) para medir el crecimiento de un País? Bhutan la ha introducido desde hace tiempo.

Bhutan *, nombre completo: Reino del Bhutan, es un pequeño estado montañoso de Asia (47.000 km², aproximadamente 650.000 habitantes estimados en el 2005) capital Thimphu, localizado en la cadena himalayana. Confina a Norte con China y a sur con India. Bhutan es el único país a profesar como religión oficial la forma del buddhismo Mahayana. El buddhismo ha desempeñado un papel fundamental en la historia y en el desarrollo de las estructuras sociales; todo ahora reviste un importante papel sea por el gran peso del clero dentro de la sociedad (hasta hace pocos decenios monopolista de hecho de la cultura) en cuanto únicamente en los monasterios era posible recibir la instrucción, sea por la importancia también asignada a los valores religiosos en la acción política.
*Fuente Wikipedia

Entonces probemos a salir de la modalidad fast-forward, retomemos aliento y replanteamos nuestra vida en otro registro. Es en el arte del vivir lento que los brasileños son los maestros en absoluto.

Basta ya, por lo tanto, con las agendas espesas hasta el retortijón. Basta afanes irrefrenables de carrera y estrés de superactividad. Basta sms escritos rapido ahorrando sobre las vocales y sobre la puntuación. Y basta ya incluso con la obsesiòn por el último gadget tecnológico, o el enésimo par de zapatos, mucho en Brasile"Havajanas" 24h por 365 días al año. Para luego volver a casa y descubrir que las compras no dan la felicidad.

El término slow, sinonímico de equilibrio, en Europa empieza a difundirse de los despachos a la mercadotecnia, a los dormitorios, de las fábricas, hasta las galerías de arte. Se habla de Slow Food y Slow Research, Slow Management y hasta Slow Sex.

La misma asociación fundada por Carlo Petrini en el 86' en Brasil, justamente Slow Food, se ha convertido después de tres años en asociación internacional. Hoy cuenta con 100.000 miembros y ha sido de gran impulso a una vida más sana.

Aquí es indicado un artículo aparecido en el sitio español www.univision.com firmado por Maria Jesus Rivas. ¿Es posible transformar nuestra vida? ¿Después de haber relegado nuestros sueños y deseos al último sitio de una vida insatisfactoria y hecha de rutina, todavía es posible tratar de vivir bien, satisfechos y felices? A cuanto parece sí, siguiendo algunas simples técnicas.

Es el momento de decir basta

Isabel, médico endocrinoglogo de 43 años ha dejado su hospital para convertirse en monja de clausura; Kim, profesor de bachillerato, decidió someterse a la operación que lo habría transformado en mujer; a 47 años Miguel eligió de dejar su carrera de chef en un famoso restaurante para dedicarse a la reestructuración de viviendas de pequeñas aldeas españolas; Clara era juez y hoy además de enseñar danza clásica es bailarina. Llegó para ellos el momento de decir "Basta ya" y decidir iniciar de cero una vida nueva. No era suficiente "retocar" la vida de todos los días, volverla más aceptable, era necesario un cambio radical, algo pensado y bien evaluado, que habría cambiado totalmente su modo de vivir. Pero buscaron la felicidad, y así haciendo la han encontrado. Algunos cambian sexo, país, cultura, religión, otros

modifican la propia profesión o la actividad, pero una cosa es común a todos: el estupor, la incredulidad y la sorpresa de quiete los rodean. El cambio es una decisión difícil de tomar, dicen los esperto, pero una vez tomada los primeros a sorprenderse son justamente los protagonistas, los que han elegido de cambiar. ¿Un cambio total de vida, dejando todo? Todos antes o después lo pensamos, cuando nos sentimos oprimidos por la rutina y del estrés. Los casos reales de Isabel, Miguel, Kim y Clara nos demuestran que se puede borrar todo, cambiar radicalmente, crearse una nueva vida. Pero ante todo es necesario y fundamental conocerse muy bien. Aunque no sea necesario en la mayoría de los casos un cambio radical para mejorar la vida de todos los días, pero sea suficiente introducir pequeñas prudencias, los estudiosos han descubierto recientemente que las ganas de dejar todo y volver a empezar ocurre en coincidencia de la asillamada "crisis" de media edad, es decir en el momento en que uno se para a hacer como un balance de lo que ha vivido y de que se ha realizado. El cambio radical es un paso difícil de cumplir para cualquier edad y a menudo la rutina y las uniones afectivas suplen de biombo. La inercia, las obligaciones familiares, la ilusión de la seguridad y la precariedad de un puesto de trabajo son obstáculos puestos a lo largo del camino hacia el cambio, para no hablar del miedo y de la ansiedad que inplica una decisión tan radical. Pero a pesar de todo, dicen los esperto, se puede elegir de cambiar la propia suerte, dejándose a las espanda la insatisfacción y el malestar, después de haber meditado cuidadosamente e intensamente y siguiendo las adecuadas tramitaciones. Cada vez más personas se sienten víctimas de un estilo de vida inerte, aburrido y sienten de haber perdido el control de la propia vida, de la propia suerte. Cuando este malestar es marcado las personas se sienten atrapadas en una realidad que no se han elegido, y desean cambiar, tratando de crearse una vida que refleje más sus sueños y deseos.
Se tienen que ante todo analizar, reconocer y reconducir a las primeras causas, las actitudes que se mantienen en caso de éxito o fracaso, ya que está en estas eventuales inseguridades, temores o comportamientos tolerantes que se tienen que efectuar los principales cambios. Cambiar la forma sin cambiar la sustancia sólo conduce siempre a las mismases conclusiones. Si se aspira a un

cambio que lleve a una vida satisfactoria se puede caer en el error, muy común, de idealizar el propio futuro imaginando un paraíso fantástico y perdiendo de vista la realidad. Más el proyecto de cambio se aleja de nuestras reales, objetivas posibilidades, más estará cercana la desilusión. Vivir en el campo, cambiar trabajo, trasladarse a Brasil sólo son cambios posibles si se posee la capacidad de reconocerse en los mismos proyectos, de otro modo se puede caer en la trampa de un falso cambio. A menudo quien esta aburrido de la propia vida se crea la idea de desaparecer, de dejar todo para recomenzar de nuevo todo, como aquellas personas que deciden dejar el trabajo en la ciudad para trasladarse a un pequeño pueblo. Es una fuga, y cuando se huye de un conflicto este se presentará de nuevo: siempre es mejor reconocerlo, afrontarlo y luego decidir si cambiar de vida radicalmente todavía es lo que se desea.

Otro error común es tratar de cambiar todo haciendo de modo que nada cambie. Es el caso de quien cambia trabajo por las expectativas: encontrarse en un sitio más agradable, tener más tiempo libre, dedicarse a algo más incentivante. En realidad el malestar que engendran estos pensamientos no tienen origen en el campo laboral, sino en la persona para luego traducirse en una serie de costumbres que se van a sumar a la rutina cotidiana. El paso del que partir antes de afrontar cualquier cambio consiste en un viaje interior, descubrirse, re-encontrar la propia identidad, la naturaleza profunda. Según los psicólogos "si después de haber analizado a fondo esta decisión se cree que la distancia entre el deseo y la posibilidad real de su realización sea enorme, entonces se esta listo para afrontar el cambio y todas sus consecuencias. Un cambio de éxito no es una destrucción pero una evolución que salva lo salvable y mejora lo mejorable". Por esto siempre conviene planear una meta precisa, realizar un plan para conseguirla, ser realistas, creativos y flexibles, sin improvisar. No se necesita tampoco auto engañarse y conformarse con desplazar el propio malestar de un punto geográfico a otro.

Para darse una segunda oportunidad (de cambiar trabajo a dar la vuelta al mundo, apuntarse a la universidad o dedicarse a obras humanitarias) se sugieren seis puntos base que pueden ayudarnos a volver la vida más satisfactoria. Se tiene ante todo que lograr distinguir entre un malestar existencial y una inquietud momentánea. Si la diferencia entre las propias aspiraciones y la realidad es notable merecería la pena analizar la propia existencia y replanificar lo que nos descontenta. A veces la infelicidad es dada por el hecho de ser algo objetivos o del no ver con claridad lo que nos gustaría hacer o ser, por lo tanto es necesario reflejar, partir la inercia y actuar con decisión los justos cambios. A menudo esta simple reflexión evita azares y desilusiones. Si en todo caso la decisión de cambiar radicalmente vida queda, se debe planear bien. Debemos concedernos tiempo para conocernos bien y realmente entender lo que se quiere, sopesar y madurar bien el deseo de cambiar. La ansiedad puede ser un estímulo, pero también puede parar la capacidad de pensar racionalmente. Se tienen que analizar a fondo los propios recursos, económicos pero también y sobre todo de adaptabilidad y creatividad, para estar seguros de poder afrontar bien cualquier dificultad. El proyecto va en fin planificado: tiene que ser realista, sensato y en acuerdo a las propias posibilidades. Se tienen que afrontar los propios límites para no recaer en los errores ya cometidos. Se tienen que recoger las informaciones necesarias y posibles que ayuden a la realización del proyecto evitando que se transforme en una fantasía. Hablar lo más posible con amigos y parientes ayuda mucho: exponer las expectativas, los resultados que se quieren conseguir, los proyectos. Este continuo hablar hará de ello que el proyecto de cambio adquiera cada vez más fuerza y realidad y nos permite de evidenciar eventuales errores, consideraciones o posibilidades todavía no afrontadas. El hecho que muchos traten de disuadir quien quiere dejar todo creará la necesidad de tener un proyecto sólido y argumentaciones válidas. Cambiar de vida no es una elección priva de riesgos. Hay que dejarse la posibilidad de volver. Calcular los riesgos y aceptar la posibilidad de equivocarse tiene que ser una condición indispensable para poder aprender de los propios errores, mejorando los proyectos alternativos del futuro. Se pasa por lo tanto de la teoría a la práctica: armados de paciencia y perseverancia, sin dejarse conducir demasiado de impulsos e improvisaciones y lo que cuidadosamente considerando se ha aprendido hasta ahora, siempre sabiendo adaptarse y sabiendo superar crisis y modificaciones de los propios proyectos, se estará listos a afrontar un cambio radical con todo lo que éste comporta.

Como salvar los propios ahorros en euros y ganar en Brasil

Ante todo invertir en Brasil significa automáticamente ganar más que la media de las inversiones en la vieja Europa.
Quizás invirtiendo en India o en China se podría ganar más pero visto que antes o después pudiera ser necesario viajar hacia estos países, en el caso de inversiones inmobiliarias o industriales, preferimos mucho Brasil a China o India.
Un interesante comentario del noticiario económico Bloomberg sobre el aumento de I SELIC de bien 0,75 puntos porcentuales, del 8,75 al 9,5%, además de subrayar que Brasil es la primera de las naciones sudamericanas, además de ella tercera entre las 20 Naciones más ricas, a aumentar el tipo de interés después de la crisis financiera, el artículo subraya que este aumento será el primero de cuatro o quizás cinco o seis que el Banco Central decidirá en los próximos meses.
El total previsto es de +4 puntos porcentuales entre este año y el próximo o bien un total 12,75%.

Esto para reconducir la inflación dentro de los paràmetros, o bien alrededor del 4,5%.

Para aquellos que quieren ganar en Brasil se confirma cuanto dicho en los anteriores capítulos sobre como crearse una renta financiera.

Si todavía tenéis algún ahorro en euro no perdàis màs tiempo. Cambiad todo en reales e invertid en inmuebles y fondos relacionados al índice DI.

El real todavía se valorizará con respecto al euro y la moneda única a causa de la crisis de los países de la UE es objetivo de feroces especulaciones a la rebaja. Pues no hay señales positivas a breve para el euro: solo fuertes señales negativas.

Atención a lo que está ocurriendo en Grecia y resto de Europa, no creea en fáciles soluciones del problema.

El Banco Central del Brasil se ha convertido en el primera en América Latina a aumentar los gravámenes financieros en más de un año, llevando más hacia arriba su tipo de interés respeto las previsiones de la mayor parte de los analistas sin señalar el ritmo de los futuros aumentos.

En un voto unánime, el consejo del banco ha aumentado la tasa Selic al 9,5 por ciento de un récord de 8,75 por ciento. Los responsables políticos, en un comunicado de una sola frase que acompaña su decisión, han dicho que el aumento da continuidad al proceso de adecuación de las condiciones monetarias por las perspectivas económicas, de modo que asegurar la convergencia de la inflación al trayecto de destino.

Las perspectivas del tipo de interés "dependen de como las expectativas de inflación se comportan", Pedro Paulo Silveira, jefe economista de "Graduale Corretora", ha dicho en una entrevista telefónica de Sao Paulo: "El banco central levantará las tasas por al menos cuatro reuniones, pero también podría ser por cinco o seis".

El banco ha actuado con las previsiones que la más grande economía de América Latina puede expandirse este año al ritmo más veloz que en los últimos veinte años, empujando los aumentos de los precios al consumo con el objetivo del gobierno del 4,5 por ciento.

Ganar una renta finanziera en Brasil

En el capítulo anterioro hemos enseñado como, invirtiendo aproximadamente 250.000 euros sea posible adquirir una casa, un utilitario e invertir el resto en títulos bancarios conel objetivo de construirse una renta de R$3000 al mes, unos 1310 euros, suficiente a vivir en una ciudad del nordeste del Brasil.

En este capítulo queremos contestar a las muchas preguntas que han llegado y que conciernen principalmente el último aspecto, aquel de la inversión bancaria.

Muchos nos preguntan en que consista exactamente esta inversión, si están seguros y si son solicitados particulares requisitos para efectuarlo.

Iniciamos recordando que la inversión estando en divisa local puede ser hech si y sólo si se posee una cuenta corriente en Brasil. Ést es facilmente conseguible si se posee la visa permanente mientras resulta difícil, pero no imposible, si no se posee tal visa.

En Brasil todos los bancos ofrecen certificados de crédito (CDB) o fondos legados al costo del dinero (SELIC) hoy al 8.75 %. Generalmente el rendimiento bruto está alrededor del 95% de tal índice además de la tasación del 15%. En fin un 7,5% neto. Hasta pocos años la SELIC estuvo más allá del 20% luego gradualmente se ha reducido hasta el valor actual. Dentro del fin de mayo del 2010 es previsto un remonte de las tasas que deberían instalarse sobre el11.25% dentro de fin del 2010 o bien un 10% neto.

Los productos financieros asociados con tal índice son fundamentalmente tres: CDB, Libreta de ahorros (Caderneta de Poupanca) y Fondos de Inversión.

Los CDB son reales certificados de crédito emitidos por el banco, pueden tener interés pre o post fijado. Si el inversionista cree que los tipos de interés bajarán en futuro, es el caso actual, tiene sentido invertir en CDB prefijados en cuanto siendo la tasa fija no padecerán la prevista reducción. Si, al revés, se preve un alza conviene invertir en títulos post fijados que teniendo tasa variable se aventajarán aumento de los mismos. En fin el contrario de un préstamo.

La garantía de un CDB depende de la credibilidad y de la solidez del Banco además de ser garantizados por el Fondo de Garantía del Crédito, FGC, hasta el importe de R$60 000 por Código fiscal / CPF.

La tasación sobre el rendimiento de los CDB sigue el siguiente tablero:

- Dentro de 180 dìas 22,5%
- Desde 181 a 360 dìas 20%
- Desde 361 a 720 dìas 17,5%
- Más allá de los 720 dìas 15%

Al objetivo de evitar especulaciones sobre el breve período existe una ulterior tasación menguante (IOF) para quien decidiera retirar la inversión dentro de los primeros 30 dìas.

A partir del dìa 31° tal tasación es cero y quedan solo los alícuota publicados para arriba en el tablero. No hay comisiones de gestión que pagar.

Bancos creíbles y sólidos en Brasil son el BANCO DO BRASIL, BRADESCO, ITAU'/UNIBANCO, ABN AMRO REAL, (GRUPO SANTANDER) etc.

La libreta de ahorros o Poupanca, es recompensada según un índice TR, (Impuesto de Referencia) aumentada de una tasa mensual publicada por el Banco. Es eximida de tasación. Es la solución preferida por los pequeños ahorradores por su sencillez. Tiene la misma garantía del CDB y su rendimiento es mediamente inferior a los CDB.

Los Fondos de Inversión, son instrumentos financieros que permiten invertir más sobre una cesto de títulos accionarios y obligacionarios en las muchas proporciones administradas por expertos analistas del mismo Banco. Los fondos a los cuales hacemos referencia son aquellos prendidos al asillamadod índice DI que le es relacionado precisamente al SELIC.

La tasación de los fondos es más articulada que aquellos de los CDB. En particular los Fondos son subdivididos en:

•Fondos a corto plazo tasados al 22,5% dentro de los 180 dìas y al 20% más allá de los 180 dìas.
•Fondos a largo plazo tasados como los CDB
•Fondos accionarios tasados al 15%

Los Fondos DI generalmente son tratados como fondos a largo plazo. A diferencia de los CDB que sólo son tasados al momento del rescate, los Fondos a breve y largo término son tasados cada seis meses y al momento del rescate.
Al revés los Fondos accionarios sólo son tasados independientemente al momento del rescate por el tiempo que quedan sobrepuestos y además no pagan IOF en caso de que el rescate ocurra dentro de los primeros 30 dìas.
A diferencia del CDB, además los Fondos presentan comisiones de gestión variables con el tipo de inversión. Las comisiones, por ejemplo, pueden ir del 0,8% al 5,5% en el caso del BANCO DO BRASIL en función sobre todo del importe invertido. Más se apropia, más la comisión se reduce. Por fin los Fondos no gozan de ningún tipo de garantía de parte del Banco ni del Fondo de Garantía del Crédito.

Este libro es dedicado a todos los que sueñan con trasladarse a Brasil y que no saben de dónde empezar ni si la cosa es factible.
Suponemos de momento que ya hayáis solucionado el problema de la visa de otro modo vuestra permanencia en el territorio brasileño se reducirá a un máximo de 6 meses al año. Tener el visto permanente os facilitará la tarea de conseguir la abertura de una cuenta bancaria brasileña en caso contrario esta operación puede revelarse difícil si no imposible.
Anteponemos que para vivir de renta sea en Brasil que en cualquiera otro lugar es independientemente necesaria un control de los costos de la suma mensual a disposición. Si tenéis disciplina os podrán bastar 30 euros al día si no lo tenéis no bastarán ni 300.
Dividiremos por tanto esta guía en dos partes, en la primera analizaremos como vivir de renta o bien como gastar racionalmente alguna suma mensual engendrada como una inversión mobiliaria o inmobiliaria y en la segunda engendrar una renta financiera en Brasil.

Quien vive de renta generalmente conoce con gran precisión sus entradas y por tanto necesita disciplina y un simple instrumento sólo para balancear las salidas con las entradas.

Este instrumento es una simple hoja de cálculo tipo Excel. Dividís la hoja en catorce columnas. La primera contendrá las voces de gasto, las siguientes 12 los valores de los gastos subdivididos por mes y la ùltima los totales anuales. La misma cosa puede ser evidentemente hecha con papel y lápiz pero perderéis las ventajas de la sencillez de corrección y la posibilidad de introducir fórmulas, a asempio para calcular los totales a fin año.

Un ejemplo de voces de gasto: prèstamo, condominio, gas, agua, energía eléctrica, teléfono fijo, celular, internet, impuestos, carburante, manutención, vestuario, decoración, regalos, diversión (libros, DVD, motel...), higiene personal, limpieza casa, alimentación, restaurantes, viajes, salud, varios etc.

La parte difícil, pero necesaria, consiste en apuntar cotidianamente en la misma agenda los gastos realizados y escribirlos a finales del mes sobre la hoja de cálculo.

Luego de pocos meses nos habremos hecho una idea de nuestra media de gasto mensual. A este punto, extrapolando en el año, tendremos la previsión de nuestras necesidades financieras. En práctica de cual renta necesitamos para equilibrar las salidas.

Si la renta ya es conocida se tratará de limar los próximos gastos al objetivo de hacerle entrar en el presupuesto.

En el caso de Brasil, si ya sois una pareja propietaria de un pequeño piso, necesitaréis de màs o menos R$3000 para vivir o bien aproximadamente 1310 euros.

Para conseguir una renta de R$3000 al mes o bien a R $36.000 al año, invirtiendo en una aplicación financiero seguro necesitamos de al menos R $450.000 invertidos al' 8% neto.

Pues con el dinero sacado, por ejemplo, de la venta de un piso en Europa o bien màs o menos 250.000 euros iguales a acerca de R $575.000 se puede: trasladarnos a Brasil, adquirir un piso amueblado por R $150.000 e invertir R $425.000 en bonos del tesoro o equivalente.

Naturalmente éstos son valores medios. Para alguien R$3000 podrían ser poco y por tanto tendrá que balancear su inversión colocando, por ejemplo, un 15% sobre un un fondo accionario. Esta cuota también podría llegar al 30% si el período es propicio.

Ganar puntando sobre el Real brasileño

La economía de Brasil está entre la emergente una de aquellos con mayores perspectivas de crecimiento. La agencia de consultoría británica EIU (Economist Intelligence Unit) en su clasificación de las mejores economías mundiales ha puesto propio el país carioca al octavo lugar delante de España, Canadá, India y Rusia. La fuerza del crecimiento de la economía de Recobro se halla también en la efervescencia de la Bolsa mobiliaria. El mercado accionario es casi vuelto al reparo los máximos tocados en el 2008 antes del estallido de la crisis financiera global y la propia moneda, el real, está sobre los máximos de los últimos ocho años contra el dólar y sobre todo, contra el euro.

A la luz de estas premisas, y con las perspectivas de crecimiento de la economía brasileña, la apuesta sobre un ulterior piropo de la divisa carioca contra la moneda europea para los próximos meses puede ser vencedora. El problema es que puede ser un poco complicado para un pequeño ahorrador lograr invertir en el real brasileño. Una solución la ofrece Deutsch Bank gracias al Express Riverse (código identificativo Isin: DE000DB7LPB1) un certificado que permite de apostar a la consolidación de la divisa brasileño contra el euro.

Este nuevo certificado ha sido emitido a fin de mayo del 2010, punta sobre la tasa de cambio euro-real brasileño, o sea quien lo adquiere gana con la divisa carioca contra la moneda única. El certificado, que vence el 30 de abril de 2012, ofrece un cupón igual al 5% por cada semestre transcurrido por la fecha de emisión, pero a condición, que el real en las fechas del 1° de noviembre del 2010, el 1° de mayo del 2011 y el 30 de abril de 2012 no haya bajado contra el euro bajo un cierto nivel de precio (strike) que será determinado el próximo-29-abril -2010.

Es garantizado el reembolso del capital a plazo a pacto que quede inviolada, a la fecha de valoración final, la barrera que será fijada al 155% del strike. Si el real a aquella fecha será devaluado más allá del 55% con respecto de los valores determinados el 29 de abril, el capital devuelto ya no serán los 100 euros nominales, necesarios para adquirir un certificado, pero la inversión se pondrá equiparable a la adquisición directa de la divisa brasileña.

Ciudades de Brasil

Si esta es su primera visita o la centésima poco importa porque el hecho es que Brasil tiene muchos lugares para ver y ofrece muchas cosas que hacer a los turistas. No existe un mejor momento o lugar para visitar Brasil. Por lo tanto, para tratar de ayudarle a planear sus vacaciones en Brasil, le elencamos los destinos más importantes (sin orden de preferencia):

Parque Nacional del Amazonas

Se extiende por 7 estados de los 27 que forman Brasil, "El Infierno Verde" cubre casi el 40 por ciento del territorio y además de ocupar la Selva Amazónica, se extiende también a los países vecinos (en particular en Bolivia, Colombia, Guyana y Perú), pero Brasil es lugar en donde más turistas se concentran para admirar esta maravilla natural. Entre las actividades que se pueden realizar en el Amazonas encontramos: observación de aves, senderismo, escalada, rafting, etc ... Sin duda, una visita a Brasil es incompleta sin una visita al Amazonas.

Cataratas del Iguazù

Se describen como una de las siete maravillas naturales del mundo. En el Río Paraná, las cataratas actuan como una frontera natural entre los países de Brasil, Argentina y Paraguay y componen un total de 275 chorros de agua. El mejor momento para ver las cataratas del Iguazú es entre el mes de octubre y diciembre y se aconseja permanecer por lo menos una noche antes de pasar a su próximo destino.

Río de Janeiro

La palabra "exótico" encierra la esencia de Río, la segunda ciudad más poblada de Brasil (después de Sao Paulo), pero Río también es caótica, sofisticada, abierta, amistosa, alegre y relajada. Encontramos todas estas características en un solo lugar. La mayoría de las personas en Río combina sol, el mar y el surf. Río es todo esto y también mucho más.
Si usted está buscando una combinación de playas, deportes, sol, parques y jardines exóticos, con unas vistas espectaculares de las montañas, un poco de baile y cócteles, Río es el lugar para usted. Río de Janeiro tiene una belleza majestuosa, incluyendo una hermosa bahía con playas deslumbrantes y montañas cubiertas de vegetación tropical.
Con la creación de Brasilia en 1960, Río ha dejado de ser la capital de Brasil, pero sigue siendo una gran capital cultural con muchos museos que albergan una gran variedad de arte e información sobre la vida y la cultura brasileña. La ciudad es una de las tierras más densamente poblada, con 6 millones de habitantes.
Río ama el sol y sus famosas playas son libres para todos, con el surf como un pasatiempo popular. La legendaria playa de Copacabana es muy animada, llena de gente que juega al volley-playa escuchando samba. El paseo está lleno de stands donde se puede tomar cualquier tipo de batido de frutas tropicales, agua de

coco y comprar a los vendedores ambulantes que ofrecen todo lo necesario para aprovechar de la playa.

Otra playa, Ipanema, joven y moderna, con numerosas boutiques, es el objetivo de las clases ricas de Río.

Si hablamos de cultura, el Museo Histórico Nacional de Río como muchos otros museos y centros culturales financiados por particulares, está llenos de obras maestras y maravillosa historia. El Museo Nacional de Historia cuenta con una colección de 30.000 piezas, entre joyas de marfil que pertenecieron a la familia imperial. En el Monasterio de São Bento, podrá admirar magníficos candelabros de plata y frescos dedicados a la Virgen. El Convento Franciscano está cubierto de madera dorada, con techos pintados que representan la glorificación de San Francisco.

Se necesitaría un día entero para ver todas las grandes iglesias. Una de las más importantes es la Catedral Barroca de la "Igreja de Nossa Senhora da Gloria" conocida por su gran cúpula.

Uno de los lugares más emocionantes es el "Corcovado" una montaña con una pared de granito superada por el " Cristo Redentor "(Cristo Redentor), una estatua de 100 metros que abarca y protege todo Río. Se puede llegar a la cima de una montaña, disfrutando de una vista única de la playa.

El segundo pico más famoso es el Pan de Azúcar, que es igualmente impresionante y ofrece una perspectiva diferente de la ciudad. El Pan de Azúcar se compone de una losa de granito en la entrada de la Bahía de Guanabara. Desde la cima de 1.295 metros, se puede ver toda la ciudad a lo largo de las playas y el océano Atlántico. Para subir se utiliza un cable que tiene una longitud de 4265 metros. Las puestas de sol vistas desde la cima son fabulosas.

La vida festiva de la ciudad alcanza su punto álgido durante el carnaval anual, del cual beneficia toda la ciudad durante tres días. Música, fiestas, bailes, desfiles callejeros, bailarines en trajes brillantes y miró.

¡Siempre hay tiempo para el Carnaval y la Samba en Río! El carnaval es el mejor momento para visitar la ciudad, y la ciudad es aún más llena de gente. El carnaval se lleva a cabo en febrero o marzo, según la fecha de Pascua de cada año. Es mejor llegar un poco temprano para disfrutar de todas las atracciones y lo más importante es reservar hoteles por lo menos con un año de antelación.

Preste especial atención a las playas y a la noche. Deje su pasaporte, joyas, dinero y la mayor parte de cosas de valor en su hotel.

Pantanal

Considerada una de las reservas naturales más grandes del mundo, en Pantanal cada visita debe ser cuidadosamente planeada ya que la zona no es ideal para los turistas - de hecho, existen pocas infraestructuras. Sin embargo, no deje que le impidan visitarla debido a que el Pantanal es verdaderamente un magnífico lugar. Los pescadores se sienten especialmente atraídos al Pantanal ya que es uno de los mejores lugares para la pesca en América del Sur. Pero también la observación de aves atrae a la mayoría de los visitantes.

Salvador

Salvador fue la capital de Brasil colonial, se encuentra en Bahía de Todos los Santos. Los visitantes de esta maravillosa ciudad pueden disfrutar caminando por las calles estrechas y empedradas que se han mantenido intactas desde que la ciudad era el centro de los esclavos africanos. No se pierdaa una visita a El Salvador a la Igreja de São Francisco. El interior está revestido con hojas de oro. No muy lejos de la iglesia se encuentra el Farol de Barra del siglo 16 con vistaa al faro fortificado, la segunda bahía más grande de Brasil.

La ciudad del Salvador, capital del Brasil colonial durante casi dos siglos, es hoy una ciudad de 2 millones de personas. La cultura africana se originó por los antiguos esclavos y se refleja fuertemente en la cultura de la ciudad. De hecho, el 70 por ciento de la población de la ciudad es afro-brasileña. La ciudad fue construida en dos niveles distintos, con las colinas residenciales y llanuras en el centro comercial, se divide entre la parte superior e inferior, con un ascensor que le llevará de uno a otro. Las playas de El Salvador han sido una fuente de inspiración para escritores y músicos. Proporcionan sillas, sombrillas y quioscos que venden una gran variedad de platos tentadores y bebidas. Muchas playas se iluminan por la noche y los bares y restaurantes son famosos por sus "noches locas". Tal vez usted querrá hacer compras en el Gran Mercado Modelo, así como visitar los numerosos museos. O bien, puede aventurarse y subir a la Fortaleza de San Antonio, que está ubicada en la punta de la península, y dar un paseo hasta el faro y el museo náutico y porque no disfrutar también de la playa cercana.

La elección de hoteles en Salvador es muy amplia, y va desde elegantes y lujosos apartamentos con administraciòn familiar.
La mejor época para visitar la ciudad es entre noviembre y abril y julio (cuando las escuelas están cerradas) y es mejor no salir de noche en las zonas no centrales, especialmente si usted está solo y, por supuesto, debe dejar joyas, relojes y gran parte del dinero en el hotel.

Sao Paolo

Hay una palabra que resume Sao Paolo ¡GRANDE! La ciudad no es sólo la más poblada de Brasil, sino también el centro comercial de Brasil, con algunos de los mayores rascacielos del país. Sin embargo, los visitantes de Sao Paolo no deben pensar que es solo trabajo y nada de diversiòn, porque una vez que el sol se esconde en Sao Paolo la vida nocturna se ilumina con algunos de los pubs y clubes más de moda en todo el país, algunos sostienen que en Sao

Paolo se encuentran los clubes más en sintonía con los modernos estilos occidentales de Rio.

Sao Paulo es una de las joyas más hermosas de Brasil. Esta joya es una ciudad radiante que coexiste con la cultura y la industria. Sao Paolo es una amalgama de diversas culturas que conforman la cara moderna de esta metrópolis brasileña.
La ciudad de Sao Paolo, si bien es tan popular hoy en día, ha sido durante cientos de años una pequeña ciudad colonial y son evidente las relliquias de la antigua ciudad que aún se pueden encontrar en toda Sao Paulo.
Hoy, con 32 centros comerciales, cientos de tiendas y decenas de carreteras de cuatro carriles constantemente ocupados, la ciudad también se enorgullece de ser el hogar de dos de los quince parques zoológicos más famosos del mundo, así como un gran número de parques y un magnífico Jardín Botánico.

Sao Paolo tiene lo mejor de ambos mundos, con prácticamente todo lo que desea encontrar en una gran ciudad, así como algunas cosas que usted esperaría. Notable es la alta concentración de inmigrantes, lo que la transforma en una ciudad cosmopolita. Más de 1 millón de japoneses viven aquí para dar a esta ciudad la distinción de ser la mayor ciudad japonesa fuera de Japón. Liberdade es el nombre del distrito donde se encuentra el centro de la cultura japonesa, es un centro de la comunidad asiática, realzado por los jardines pintorescos y las tiendas exóticas. No se olvide también que el 40% de los Paulistana es de origen italiano.

Para aumentar la riqueza cultural de Sao Paolo, los museos tienen las mejores exposiciones permanentes de arte latinoamericano y de arquitectura en todo el continente sudamericano. El perfil actual de una media docena de edificios del Complejo El Memorial de América Latina está lleno de arte latinoamericano. Este complejo es de fácil acceso con el metro, es limpio y moderno, el mejor del mundo.
No se pierdaa los muebles que se remontan al Imperio del Brasil Ipiranga del Museo Imperial (Museu Paulista). Con tantos recursos e instalaciones, esta ciudad es una delicia para experimentar y

explorar. Las grandes vías de la Avenida Paulista, la principal calle de St. Paul, son un buen lugar para empezar a explorar la ciudad caminando.

Sao Paulo es una sobreposición fascinante de lo antiguo y lo moderno, aquí usted puede encontrarse sumergido en el esplendor de la época colonial junto con el confort moderno. Sao Paolo es una ciudad en espera de ser descubierta, limpia, brillante y emocionante y cambiará completamente su idea de Brasil.

Brasilia

Brasilia fue construida por los arquitectos más importantes del país, Oscar Niemeyer y Lucio Costa, en el 1950 para sustituir a Río como la ciudad capital de Brasil. Sin embargo, esto no significa que el diseño de las ciudades no fuera bien pensado. Para ser honestos, Brasilia fue pensada como la capital administrativa de Brasil, que es también la función actual. Sin embargo, los arquitectos de la ciudad no habían considerado la empresa privada del edificio existente en Brasilia. De consecuencia, todas las buenas intenciones de los arquitectos se perdieron y la ciudad de hoy es poco más que un lío extenso de edificios con un diseño moderno. En definitiva, Brasilia vale la pena una visita si usted tiene mucho tiempo a disposición, pero si tu tiempo es limitado le conviene concentrarse en otras zonas.

Manaus

Situada en el corazón de la Cuenca del Amazonas, Manaus es un destino popular para turistas que buscan excursiones exóticas en el corazón de la Amazonia.
Manaus ofrece dos principales atractivos para los turistas. La primera es, obviamente, la oportunidad de viajar por la cuenca del Amazonas, la segunda es la oportunidad de ver algunos de los

mayores buques oceánicos y de visitar un puerto mundia donde hasta un millar de kilómetros tierra adentro se cargan y se descargan los productos.

Recife

Situada en la Costa de Oro de Brasil (nordeste de Brasil), Recife es un popular destino turístico. Recife es conocida también por el número de canales y puentes que cruzan la ciudad, también llamada la "Venecia de Brasil". La ciudad también tiene una serie de museos e iglesias. Sin embargo, ninguna visita a Recife es completa sin una visita a la antigua cárcel de la ciudad, para que su visita sea más interesante, el complejo cuenta además con un centro comercial.
Recife es la capital del estado de Pernambuco y es considerada una de las ciudades portuarias más importantes de Brasil. Recife es la quinta ciudad más grande de Brasil, pero es menos moderna y cosmopolita que otras ciudades brasileñas. El Aeropuerto Internacional de Guarapares es el aeropuerto de la ciudad y ofrece numerosos vuelos desde y hacia este destino. Recife fue fundada como una ciudad portuaria ubicada entre playas de arena blanca salpicada de palmeras y arrecifes de coral. El área urbana está creciendo rápidamente y está conectada por una serie de puentes y vías navegables. En 1982, la cercana ciudad de Olinda fue declarada por la UNESCO Patrimonio y Turismo, obviamente, se ha visto influenciada de manera positiva.

El nombre Recife deriva de la palabra portuguesa "recife de corales" es decir "barrera de corales". El área fue la primera en Brasil a rebelarse al dominio portugués en el 1534. El estado de Pernambuco prosperó con la industria de la caña de azúcar, que fue presentada originalmente en el área por Duarte Coelho. Recife era una tierra fértil con un clima muy adecuado para el cultivo de caña de azúcar. Los pueblos indígenas de Brasil han sido empleados para trabajar la tierra y cultivar los campos de caña de azúcar. Cuando esto ya no era una solución viable para producir, los esclavos que fueron traídos de África se reunieron en el país entre el siglo 16 y siglo 19 para reemplazar a la población indígena que no cooperava y así sustituida para trabajar los campos. El brasileño posee elementos muy visibles de la cultura negro en los alimentos, la danza y la música bajo la influencia de los pueblos africanos. La combinación de indios, portugueses y esclavos negros era tan alta que hizo Recife uno de los pueblos con mayor diversidad cultural.

El Carnaval de Recife tiene una tradición famosa y es definitivamente uno de los más bellos y famosos de Brasil.
Cada hotel en Recife espera con los brazos abiertos en esta época del año. Las calles cobran vida con nativos indios y africanos Maracatu con el sonido del Frevo y del Samba. Usted quedará encantado por la atmósfera, los sonidos y el desfile de las carrozas de carnaval.

Sao Luis

Sao Luis, que fue nombrado por el rey Luis XIII (de Francia), es considerada como una de las ciudades más bellas de Brasil. La arquitectura de la ciudad colonial y fue fundada por un pirata francés, con magníficas iglesias y palacios. Sao Luis es simplemente encantador y delicioso es una fusión de todas las culturas de Brasil: africana, indígena y portuguesa. Realmente vale la pena visitar esta hermosa ciudad.

Natal

Natal es la capital de Rio Grande Do Norte. Rodeada de hermosas playas y dunas de arena que corren a lo largo de sus 40 km de costa. Geográficamente hablando Natal es el punto más cercano de Brasil a Europa.

Natal tiene dos centros urbanos, incluyendo las ciudades de Natal y Ponta Negra, esta es el área más popular para el entretenimiento, restaurantes y alojamiento. Conocida como la "Ciudad del Sol" y también "Ciudad de las Dunas" Natal está situada en el noreste de Brasil a unos 15 grados al sur del Ecuador el sol brilla más de 3.000 horas cada año. La temperatura media en Natal es de unos 28 grados centígrados. Durante el verano llega a 38 grados centígrados.

Cuando usted planea unas vacaciones en Natal debe tener en cuenta que la mejor época para visitarla es de noviembre a febrero y de nuevo en julio. Hay hoteles cuatro y cinco estrellas situado en la Via Costeira que ofrecen un excelente servicio. Todos directamente frente a la playa y la mayoría de las habitaciones tienen una hermosa vista al mar. Para encontrar una gama más amplia de alojamiento sólo se mueven en Ponta Negra, donde se puede encontrar una variedad de hoteles que satisfacen las necesidades de cada bolsillo. Unas vacaciones en Natal no serían completas sin un paseo por las numerosas playas tanto al norte como al sur, entre las más famosas encontramos Praia de Pipa.

Fortaleza

Dos palabras definen la capital del estado de Ceará: "sol y día".
Fortaleza es la ciudad costera brasileña con más días de sol durante todo el año. Fortaleza es una ciudad cálida con una brisa agradable a lo largo de la costa, con pequeños cambios de temperatura durante el año ya que está situado muy cerca del Ecuador. Hay un ligero descenso en la temperatura desde abril a agosto, pero la se mantiene siempre entre los 24 y 28 grados centígrados. El resto del año la temperatura es de 30 grados centígrados.
El forro es un estilo de música típica de la región en el noreste, está en la sangre de la gente se escucha en cualquier lugar: en la playa, en bares, restaurantes, clubes nocturnos y calles de la ciudad. La mayoría de los bares y las playas están abiertas hasta muy tarde y

algunas de las estaciones de esquí, como Canoa Quebrada Cumbuco, no suelen cerrar sus restantes abiertos hasta el amanecer.

La vida nocturna comienza a moverse alrededor de la medianoche y luego sigue hasta la mañana. Los principales destinos turísticos están situados en la Playa de Iracema con varias discotecas y bares como Café del Mar y Mambo y el Pirata, una discoteca famosa porque los lunes es dedicada a los amantes de la música Forró.

Famosa por su cordialidad y hospitalidad de su gente, por su iluminación animada y una diversidad cultural increíble, Fortaleza es una ciudad bien desarrollada y cuenta con modernas instalaciones, puertos, aeropuerto internacional, las mejores cadenas hoteleras internacionales, centros comerciales, teatros, bares, discotecas, así como amplias zonas verdes y de ocio. Durante décadas fue un destino popular para los turistas brasileños, pero en los últimos años, la fama de Fortaleza está llegando al mundo y el número de europeos, norteamericanos y sudamericanos procedentes de Ceará ha crecido rápidamente.

Recorriendo la ciudad el mar tiene una variedad de atracciones. Las playas urbanas más importantes de Fortaleza son Meireles, Volta y Jurema Mucuripe, unidas entre sí por la Avenida Beira-Mar. Hay edificios modernos, incluidos los hoteles de primera clase, bares en la playa (barracas) y restaurantes que sirven cocina local y deliciosos platos de mariscos. Praia do Futuro al sureste de la ciudad es otra playa turística popular con su arena blanca y un ambiente relajado de unos 7 km de longitud, es el favorito para la natación y el surf. Praia do Futuro se ha hecho famosa por su "barracas" (restaurantes rústicos que se erigen a lo largo de la playa), que ofrecen excelente cocina local y el entretenimiento musical. Ponta das Dunas Beach Park, en las afueras de la ciudad, es el parque acuático más grande de Brasil y también ofrece un hotel-resort.

La playa de Cumbuco es famosa por el surf y los paseos de buggy en emocionantes kilómetros de dunas de arena. Uno de los lugares de interés en Cumbuco es la Lagoa do Banana, donde los huéspedes pueden disfrutar de muchas actividades acuáticas como el canotaje, paseos en lancha y banana boat-en la laguna. Gracias a sus atracciones y su cercanía a Fortaleza (30 minutos en coche), Cumbuco es uno de los lugares en Brasil con la mayor presencia de extranjeros en busca de una residencia. Esto ha causado un auge en bienes raíces y construcción.

Volviendo a la ciudad de Fortaleza, la misma es también célebre por su cultura y para mantener las características arquitectónicas de finales del siglo. Algunas atracciones principales se encuentran los edificios de Estoril, sede de numerosos restaurantes y una sala de exposiciones. El Puente Dos Ingleses (Puente de los británicos) y el Centro Cultural Dragão do Mar, es uno de los centros culturales más avanzados y completos de Brasil. No se olvide de la Estatua de Iracema, una de las señales.
Al igual que cualquier ciudad que también no es 100% perfecta, Fortaleza también tiene muchas zonas pobres, incluyendo algunas favelas y otras zonas peligrosas dentro de la ciudad. Por lo tanto, es necesario estar siempre atento, dejar las joyas y objetos de valor en el hotel, llevar solo el dinero necesario y no ir a calles y lugares desconocidos.

Curitiba

Curitiba es una ciudad de 1,5 millones de habitantes, muchos de los cuales son descendientes de europeos, y un puerto importante. La ciudad se remonta al 1669, con el primer asentamiento europeo y plantaciones de caucho que condujo a la disminución de la riqueza en el 1920. Hoy la ciudad es conocida por sus importaciones de nueces del Brasil y el equipo electrónico de producción y refinación de petróleo.
La ciudad de Curitiba se preocupa por el medio ambiente y posee una planificación urbana innovadora con muchos parques y jardines. Uno de los mejores es el jardín "ardim Botanico que incluye un castillo de dos pisos de vidrio. El Museo Botánico en el parque ofrece una amplia gama de exóticas plantas brasileñas.

Una de las atracciones más populares es el tren característico que viaja entre Curitiba y Paranaguá. Terminado en el 1880, ofrece un impresionante viaje de tres horas, viajando dentro de los 13 túneles y 67 puentes. A lo largo de la ruta se pueden ver arroyos, cascadas y vegetación vibrante.

Uno de los dos trenes al día es especial para turistas. Especialmente práctico y còmodo, frena en los lugares màs pintorescos. Un tren regular, a un precio mucho más bajo, también está disponible.

Florianópolis

Florianópolis o Floripa, como también se le conoce, es la capital del estado de Santa Catarina que se encuentra en el sur de Brasil. Cuenta con una vibrante combinación de colores y de cuál es la mejor que Brasil tiene para ofrecer y está situado entre la ciudad de Porto Alegre y Curitiba. Ubicada en una extensión agrícola rica, la ciudad es la meca comercial y cultural. La población en el área metropolitana de la isla es el hogar de más de 821.000 personas, mientras que en la isla viven más de 400.000 personas. Florianópolis está unida al continente por un puente que permite un fácil acceso al resto de Brasil y los países vecinos.

La mitad norte de la isla de Florianópolis es la más densamente poblada, mientras que el Sur sigue siendo más aislada y menos desarrollada. Con más de 100 playas de arena blanca Florianópolis atrae a muchos sudamericanos al año. Ambos vuelos nacionales e internacionales llegan y parten desde el aeropuerto internacional Herciliop Luz. La ciudad se encuentra a una hora de vuelo desde Sao Paulo y dos horas de vuelo desde Río de Janeiro y también hay vuelos diarios hacia y desde las principales ciudades de Brasil.

Florianópolis tiene una amplia selección de hoteles, casas de huéspedes y bed & breakfast (posadas). También hay sitios para acampar para los viajeros más aventureros. Para un toque de lujo frente al mar también puede encontrar suites frente a la playa. Hay muchas cosas que hacer en esta isla subtropical incluyendo vuelo sin motor, kayak, windsurf, kite-surf, paseos por la naturaleza, etc

... La gente local y los turistas llenan los restaurantes y bares. El mercado público en el centro de música en vivo se pueden disfrutar a diario. La mejor época para visitarlo es entre marzo y abril.

¡Basta! Escapo y me abro un barcito...

Quien de nosotros no ha exclamado nunca, al menos una vez en la vida: "¡ Basta! Escapo y me abro un barcito en una playa caribeña!". Es el leit-motiv que recalca la vida frustrada y estresada de quien afronta cotidianamente las mil dificultades que la sociedad moderna trae consigo; el trabajo, los impuestos, el tráfico, los hijos, la burocracia, el carrierismo exasperado, la competencia, el esmog, la tv trash. Los ingredientes para "volverse loco" lo admitimos, existen todos...y como! Dando una vuelta online, buscando en los motores de búsqueda palabras como "huir de Europa" o "calidad de la vida" se abre un mundo increíble, hecho de blogs, de foros, de cuentos y de experiencias de quien, este salto hacia una new life lo ha cumplido, o tiene intención de cumplirlo. Si luego se adentra en este universo, visitando sitios web, se tiene la posibilidad de ponerse en contacto con esta realidad todo menos marginal, que concierne una gran rebanada de población europea sin distinción de edad y profesiones, que ha decidido trasladarse en otro lugar a la búsqueda de una mejor calidad de la vida. Aquella que a primer juicio, podría parecer una práctica propia del jubilado medio, es en realidad una tendencia en acto entre los europeos, que debería hacernos reflexionar sobre las causas de este descontento hacia Europa y sus costumbres.

¿TRASLADARSE A BRASIL ES SÓLO UN SUEÑO? ¡NO, HOY ES UNA BUENA IDEA!

Muchos de nosotros han crecido con la idea que "ir a vivir en Brasil", "dejo todo y abro un bar en playa" eran solos sueños. ¿Pero hoy todavía lo son?

Iniciar de nuevo en un país fantástico de la naturaleza casi incontaminada, alegre y fiestero, con mujeres guapísimas y recursos enormes. Un país 7 veces más grande de Europa y que todavía tiene que dar demostración de sus grandes potencialidades.

Europa y Estados Unidos están en plena crisis. ¡El futuro ya está en Brasil!

Y mientras la economía de los países occidentales (Italia, España, Europa y Estados Unidos) atraviesan una crisis negra, Brasil es el mejor mercado emergente del mundo según Citibank, ha pagado su deuda extranjera y hoy se ha convertido hasta en un país acreedor. La rentabilidad de las industrias brasileñas supera aquellas de EE.UU., la economía brasileña está en crecimiento exponencial, los sueldos suben, la ocupación crece, hasta el descubrimiento de un enorme yacimiento de petróleo pone brasile como Arabia Saudita en términos de reservas.

El mismo Economist publico un título: "¿Quizás el mismo Dios es brasileño?

Mientras tanto en Europa (estrechos en la mordaza del hielo) el poder de adquisición de nuestros sueldos disminuye y el trabajo es cada vez menos, los inmuebles siempre son caros y los intereses sobrepuestos sobre los depósitos bancarios son casi inexistentes. Quizás sea por ésto que es hoy cada vez menos cautivante invertir en Europa. Así los europeos son cada vez más propensos, antes de emprender nuevas iniciativas económicas, a mirarse alrededor y a elegir metas cada vez más lejanas y convenientes.

El poder de adquisición para europeos se ha casi demediado en los últimos años. ¿Con treinta mil euros compras un bonito coche, con cien mil un estudio, y luego? ¿Cuáles "bienes" puedes comprar en Europa con un pequeño capital?

Con treinta mil euros de inversiòn, en un país en desarrollo como Brasil, se logra abrir un pequeño bar, encaminar una pequeña actividad o hasta comprar una casa.

Al gobierno brasileño le gustan las pequeñas empresas y las favorece con desgravaciones fiscal (al revés de Europa, como lo confirman tanto pequeños empresarios) será por lo tanto fácil inventarse algo.

Quizás hace 20 años Brasil era un lugar lejano, en ultramar, lejano y casi inalcanzable... pero hoy..?

Hoy se puede llegar en pocas horas de avión y sin gastar grandes cifras.

Quizás ésto ha cambiado. De cierto nuestros padres no pensaban trasladarse en ultramar. ¡En su viaje de bodas la mayor parte han ido a Venecia!

Pero hoy ha cambiado todo, los jóvenes están listos a aceptar estos desafíos, son atrevidos e informados y con internet se pueden conseguir cantidades enormes de informaciones y adquirir un pasaje en pocos minutos.

En fin hoy ir a vivir en Brasil no es tan difícil. Basta ya sólo poner de parte los temores y si estás realmente convencido, dar el paso.

Será por la actual situación económica, que es eufemístico definir "sube y baja". O bien por el reducido poder de adquisición de los sueldos. O quizás por los altos precios de los inmuebles. O todavía por los insignificantes intereses aplicados sobre los depósitos bancarios. Hecho está que hoy es cada vez menos cautivante invertir en los asillamados "bienes de amparo". Así los europeos son cada vez más propensos, antes de emprender nuevas iniciativas económicas, a mirarse alrededor y a elegir metas cada vez más lejanas y convenientes.

El empujòn principal nace de las escasas posibilidades de crecimiento económico que se tienen en Europa a nivel de pequeños capitales. "Pensamos en el profesional cansado, al jubilado que no logra llegar a finales del mes, a la pareja "mantenida", y mucho más, todos buscan un lugar al sol. Si luego pensamos en el difuso terrorismo islámico, a la paranoia de la tercera guerra mundial, vemos bien que de personas que tienen un motivo para elegir metas lejanas hay muchas".

Entonces, las motivaciones para dar el gran paso e ir a vivir al extranjero, dejando la "mamá", sagrada para muchos europeos, y a menudo mujer o marido y niños, son numerosas. Las más variadas. Bajo un perfil emotivo lo que empuja a este paso es sobre todo las ganas de aventura, de evitar la monotonía cotidiana y de explorar nuestras fantasías, volviéndose ciudadanos del mundo. Pero hay que decir que un gran freno es representado por nuestra cultura.

Los europeos son grandes viajeros, pero tienen dificultad a establecerse en otros lugares; es fácil sentir decir "a mi país es otra cosa...". Despegarnos de todo lo que es "made in Europe" es más difícil de lo que se piensa.

De un cierto punto de vista es fácil dar el primer paso: basta con hacer la maleta, poner en el bolsillo la tarjeta de crédito, un poco de dinero, el pasaporte y adelante. Sgùn el país las cosas pueden ser fáciles o difíciles. Pero la realidad no es siempre así rósea.

¿Por qué se ha vuelto Brasil de moda, entre nuestros connacionales, también para encaminar iniciativas empresariales?

Brasil es un país grande que ofrece una diversidad de paisajes, fauna, flora, climas y microeconomía para todos los gustos. El costo de la vida todavía es bastante bajo. Luego tenemos la música y el calor de las personas. Ésto hace de Brasil un sitio donde se desea vivir. Hay luego la aparente facilidad con la que abrir una actividad.
El gran problema es la liviandad y la falta de información. Nosotros europeos somos grandes patrocinadores del "hàzlo tù mismo" y tan a menudo quién hizo el albañil en Europa se improvisa reparador, el abogado llega a ser gestor de una jubilación en el mar, el médico abre un pequeño para turistas. Nada de más equivocado. La expatriación debe ser planeada, al menos en gran parte. Los estadounidenses, menos creativos que nosotros, por costumbre planean todo, hasta el más pequeño detalle, pero al final se encuentran mejor. La planificación económica es esencial. Si tenéis treinta mil euros, deberíais dejar diez mil en casa por cada eventualidad. Diez mil se invierten y los restantes diez mil servirá para encaminar la actividad. El "hàzlo tù mismo" lleva a tomar muchos cambiazos. Luego, en los países en desarrollo, existe una burocracia que es un real costo. Hay leyes escritas, los reglamentos y las interpretaciones. Lo que puede parecer fácil puede convertirse en una real pesadilla. Planificación, planificación,

planificación. Sobre estos aspectos fundamentales aconsejamos nuestro libro "técnico" sobre las inversiones en Brasil:

"Invertir en Brasil. Qué hacer y cosa no hacer".
En esta guía práctica son recogidas, las situaciones sin filtros, diez años de directa experiencia en Brasil en materia de inversiones. ¡Os permitirá de partir con un equipaje de experiencia de inversiones inmobiliarias y de no caer en la miríada de "trucos" que inevitablemente encontraréis en el país de la "samba" viniendo a conocimiento de las CRUDAS VERDADES!. No permitas que tu Paraíso se transforme en tu Infierno.

Generalmente siempre hay cierta desconfianza hacia el emigrado. La pregunta llena de dobles sentidos hecha un poco por todos es: "¿Pero por qué has dejado Europa?".
Hay que decir que en el sur de Brasil, por ejemplo, ciertos inconvenientes en el nordeste no se verifican pero por qué nunca trasladarse en pareja, incluso "brasilianizada", desde Europa? El problema es que la mayor parte de los inversionistas no busca solamente una actividad económica: busca en general un lugar al sol, algo delante del mar o en las zonas turísticas. Este pero es meterse como en la boca del lobo. La mayor parte de los locales nocturnos y los restaurantes en zona turística paga la protección de la una o la otra autoridad y delante del mar en teoría no hay nada permitido.

Dicho así parece que se quiera desanimar el gran paso hacia Brasil. No es así. Pero es importante aclarar que en Brasil, quizás más que en otro lugar, es necesaria la planificación. Nuestro consejo es por lo tanto de investigar en internet, en sitios especializados, foros, listas de discusión, aunque desaforadamente en estos instrumentos hay muchos mequetrefes o personas que hablando por oído decirse se sienten expertos. En todo caso escuchar varias opiniones no hace nunca mal. No sólo en Brasil sino un poco en todos lados los emigrados tienen problemas de inserción.   Por esto Brazil Real Property, www.brazilrealproperty.com, ya presente en Brasil decesde h 10 años, ha publicado sea este libro y la guía

"Invertir en Brasil. ¡Qué hacer y cosa no.hacer!" en varias lenguas y en formatos E-book (libros electrónicos), escrito por emigrados para futuros emigrados. La ventaja de los E-book es que se pueden poner al día continuamente.

Las ventajas que ofrece el país suramericano màs grande a quien quiere dejar todo e iniciar, lejos de casa, una nueva actividad económica son principalmente el clima, una economía estable, protección de las inversiones extranjeras, una lengua fácil de aprender y una cultura parecida a la nuestra.

Aconsejamos hacer las maletas a los jubilados y todos los que tienen una capital de al menos cien mil euros (ley solicita R$150.000 al cambio de hoy igual a aproximadamente 69.000 euros para conseguir la residencia con la visa por inversión). Con poco dinero el riesgo de perder todo es enorme. Obviamente depende de las capacidades personales y de como se quiera como vivir. Si estais dispuestos a vivir en una "favela" y a comer arroz y frijoles os la acabaréis muy bien; si en cambio queréis tener un coche, una casa decente y comida a la europea, entonces la vida no es en fin así barata. El coche es considerado un bien de lujo y la nafta cuesta como en Europa; un poco menos, a decir verdad, pero tiene una rendición inferior del cuarenta por ciento, por lo tanto al final... esta el capítulo de las multas: pasar con el semáforo rojo, para hacer un ejemplo, puede costar medio "salário mínimo." En conclusión las personas a las que aconsejamos más Brasil son los jubilados o los que pueden vivir de renta. Aquí con mil euros al mes se vive bastante bien y con este dinero se pueden permitir cosas que en Europa no se podrían hacer. Además los visados de permanencia para jubilados son fáciles de conseguir.

Brasil es un paraíso solamente para vivir de renta o hacer inversiones inmobiliarias. Para trabajar aquí sirve capacidad profesional y una buena dosis de paciencia y pelo sobre el estómago. Las inversiones inmobiliarias las dividiremos en tres categorías.

A breve término, digamos un año, quedan bien las inversiones en ciudad como inmuebles para reestructurar o adquiridos en preventa, sobre el papel. Cualquier capital, en este caso, es interesante.

A medio término, sobre los dos o tres años, quedará bien un pousada, es decir una jubilación o terrenos "vista mar", o a parcelaciones en el Nordeste.

A largo término, es decir entre los cinco y los diez años, puntar en inmóviles en áreas remotas: en general a más de cien kilómetros de un aeropuerto internacional o en la región amazónica" .

LA POUSADA

Cada día que pasa la palabra "Pousada", correspondiente a nuestro bred & breakfast, entra cada vez más a menudo en la terminología común. Es fácil en efecto darse con discursos de personas que han tenido la idea de abrir un pousada en Brasil y encontrarse así a descubrir la existencia de una actividad laboral completamente nueva, al menos por nosotros europeos, e indudablemente rentable. ¿Pero qué es en realidad un pousada? La alternativa al hotel para un turista es de tomar o una casa en alquiler, pero por al menos una semana, o de pernoctar en algún hostal a precios módicos; pero tales disposiciones generalmente poco se acostumbran al turista que ha programado una vacación de algunos días o a lo que no quiere renunciar a los comfort y a las comodidades que sólo en un hotel puedo encontrar.

Nace así la "pousada", la solución ideal para quien quiere ahorrar pero sin renunciar a la calidad de la estructura que lo hospeda.

Primer desayuno / Cafe' a manha

En la gestión de un pousada el momento del primer desayuno reviste una importancia particular. Está' en este pequeño arco de tiempo en efecto que el gestor del pousada pone a disposición del turista el propio conocimiento de la zona divulgando preciosas informaciones útiles a alcanzar facilmente las principales metas turísticas.

Pensád cuanto puede ser importante para un turista saber en cual dirección moverse sin deber girar en vano y a lo mejor encontrarse en quien sabe cual parte de la ciudad. En la primera mañana se tiene modo de familiarizar con nuestro huésped que estará contento de contarnos sus aventuras durante su estadìa. Os hago presente que el turista que decide alojar en una pousada es una persona que quiere el contacto con la gente y esta en busca de nuevas relaciones.

Además recordad que la imàgen que tendrá el huésped de su pousada no depende sólo de la belleza de las habitaciones sino también de la relación que habréis logrado establecer con él.

El tiempo robado al trabajo es un tiempo bien gastado, porque útil a conseguir los deseos de felicidad y a dedicarse a las propias pasiones.

Brazil Real Property

TESTIMONIOS REALES

Natal: Marco Moretto

Mi nueva Vida en Rìo Grande Do Norte

Me llamo a Marco Moretto, soy vicentino, casado con una mujer brasileña y con un bonito hijo de dos años; soy un empresario. Os escribo desde la ciudad de Natal, situada en el nordeste de la costa brasileña. Natal es la capital del Estado del Rìo Grande do Norte y cuenta con 800.000 habitantes. Se trata de una localidad bastante conocida en el ambito de las rutas turísticas internacionales, besada por el sol por unos 300 días año y con un clima caldo/ventilato de 28/30° centígrados. Después de haber frecuentado esta localidad por más de diez años como turista junto a mi mujer Cynthia, desde hace un par de años yo y mi familia nos hemos trasladado a esta ciudad con el objetivo de iniciar un nuevo camino de vida.

Antepongo que desde muchos años tenia intimamente la idea de una experincia de vida al extranjero; la cosa siempre me ha fascinado y llevado a conocer algunos países, entre estos Brasil que ha dejado en mí desde el primer aproche una sensación fuertemente acogedora.

El trabajo en los últimos años quedó bien y con el crecimiento de nuestra actividad laboral aumentaron paralelamente los empeños que luego con el tiempo se volvieron esfuerzos, estrés, insatisfacción; un tipo de gran batidora en la que sea yo que mi mujer nos encontramos inmersos sin ver una calle que pudiera mediar el bienestar económico con la calidad de vida.

Esto nos llevó a investigar equilibrios y por lo tanto a soñar con una alternativa que culminó con la venta de la empresa.

A este punto estuvimos libres de vínculos laborales y tuvimos también el deber de hacer algo por nosotros mismos, pudimos soñar, pero también realizar nuestros sueños; una condición perfecta.

Natal ha sido la elección más obvia, siendo mi mujer nativa del sitio y por consiguiente también la ciudad que conociamos mejor y que frecuentamos anualmente.

Brasil es considerado uno de los países emergentes y las indicaciones econòmicas/comerciales que tuvimos fueron favorables y al fin idealmente las entrelazamos con un ritmo de vida decididamente estresante. He aquí encontrada nuestra próxima meta.

Aquí con gran entusiasmo hemos decidido reponernos en juego fundando Bienova, (www.bienova.com) una tienda de 200 mq. dedicada a los arreglos para baño y situada en la principal calle comercial de la ciudad.

Bienova en la composición de la palabra encierra el sentido de nuestro cambio radical, el punto venta es idealmente un homenaje a nuestro hijo Gabriel, diminutivo portugués: BIEL, y a nuestra nueva vida (NOVA), de aquí BIENOVA. Con el puro espíritu empresarial que caracteriza los vénetos, nos hemos catapultado sin miedo en esta nueva experiencia y estamos llevando interesantes experiencias. A distancia de muchos meses, hoy, puedo echar las primeras cuentas y testimoniar como las raíces de mi tierra se encuentren arraigadas en mí, pero sobre todo como las enseñanzas recibidas en patria puedan ser una òptima base de salida para imponerse y considerar en el mundo.

D: ¿Cuál es el lugar común más falso sobre Brasil?

Yo creo que en general el lugar común transmitido por los medios de comunicación cuando se habla de Brasil sea aquel del relajamiento y de la palma de coco: es vendido allí el llamado "sueño tropical".

A menudo repito que el sueño tropical no existe, es un estereotipo quita estrés que mueve el imaginario de muchos de nosotros y que a menudo nos deslumbra, un tipo de cura pparaor nuestros momentos de insatisfacción.

Aquí a Natal, exactamente como en otros países, hace falta ganarse todo con las propias fuerzas y más bien, si es posible, para nosotros extranjeros también hay que pagar el la inserciòn en una mentalidad que no es exactamente aquella pensabamos.

Si el lugar común funcionara las playas estarían llenas de quiosquitos administrados por extranjeros, todos ofreciendo licores a base de fruta y casi contorneados por bonita gente haciendo el verso a la famosa película de Tom Cruise. Cóctel & Dreams. ¿recordáis?

D: Cada vez más personas deciden dejar Europa para seguir en otro lugar el propio sueño. ¿De quiénes son las responsabilidades?

Yo estoy fuera de Europa hace más que dos años y por lo tanto no he sido atropellado por el tsunami de la crisis económica, sin embargo percibo que la insatisfacciòn de quien no ve reconocidos los propios esfuerzos es grande.

Desaforadamente la convivencia con el sistema capitalista tiene quemaduras que hay que pagar: nos hacen soñar y desear sin parar, ofreciéndonos cosas a las que aparentemente no podemos renunciar y creándonos la frustración de tenerles que alcanzar. Cuando esto no sucede se ceban los pequeños dramas personales y las insatisfacciones.

A igualdad de clase social muchos de nosotros en Europa tienen mucho más de lo que no sueña tener un brasileño, pero el sufrimiento es indirectamente proporcional.

El brasileño logra también ser feliz con pequeñas comodidades, mientras nosotros europeos no logramos satisfacernos.

Yo creo que al final toda la responsabilidad no deba atribuirse al ser humano, sino al sistema en el que nos encontramos implicados; al modelo.

Aquel europeo es extremadamente rígido, riguroso, poco elástico.

D: ¿Y tú, cuándo has entendido que tu sueño lo habrías realizado al extranjero?

El sueño de ser más felices antes o después nos invade todo; yo aùn lo persigo.

En realidad no tengo todavía certezas absolutas, estoy acá en Natal desde hace muy poco tiempo y estoy pasando la fase de aclimatización.

En ésto es fundamental la ayuda de mi mujer, como decir que solo la inserción puede ser un pco más dificultosa.

Lo cierto es que en los ultimos años me percaté de no poder salir del esquema impuesto en Europa y que por lo tanto habría tenido que elegir si seguir lamentándome o buscar una alternativa.

Para hacer pasos como el mío se necesita en todo caso que una serie de circunstancias se presenten favorables: ha sido éste mi caso y por lo tanto ¿por qué no intentarlo?

D: ¿Cómo se ve nuestra cansada Europa desde allá abajo?

Me viene instintivo compararla con la realidad que estoy viviendo.

Sigo los telediarios internacional, los periódicos en internet y veo mi tierra seriosa, pero también muy organizada.

Ciertamente no es un bonito momento económico y el descontento es perceptible.

Como se sea viviendo al extranjero siempre se prueba cierta nostalgia por la madre patria. La nostalgia por mi ciudad de Vicenza, con sus sabores, sus estaciones también húmedas y luego también la familia, los amigos, nuestra cultura; por todo esto pruebo nostalgia y grande cariño.

D: Tu lugar secreto en Natal.

Aquí a Natal la temperatura media es de 28 grados durante todo el año y por lo tanto el sol es el dueño, esto ya es una buena ayuda para el buen humor. El ritmo de vida es ralentizado inexorablemente por clima y por cierta inercia y quizás ésto también pueda ser una enseñanza en ciertas situaciones; el clima es maravilloso y existen aparentemente todas las crismas para describir una bonita novela de ideales y consuelo.

Personalmente cuando quiero un momento todo para mi me hundo en piscina, escuchando los ruidos de la naturaleza.
Éstas son obbiettivamente sensaciones impagables que son dificilmente verificables en Vicenza.
Cuando es así uno se encuentra realmente en armonía con si mismo.

D: ¿Està arrepentido de su elección?

No estoy arrepentido de mi elección y la reputo una experienci muy constructivo que le aconsejaría a muchas personas. En este momento la economìa europea está viviendo momentos de inestabilidad y sufrimiento y ésto empuja muchas personas a escribirme con el intento de recibir consejos para poder recorrer aquel cambio de vida quita estrés; el muy idealizado "sueño tropical" que es vendido allí en las películas y en las imágenes de los catálogos de viaje. Tampoco acá a Natal la vida está en pendiente, más bien, nos tiene que conquistar exactamente como todo en patria y a veces, quizás, el hecho de ser extranjeros no es exactamente un privilegio.
Este testimonio quiere ser para todos un incentivo a luchar por el propio sueño, como también una obscena moral a subrayar como nuestra bonita ciudad de Vicenza todavía se aprecia más cuando se vive lejos.

Um abraço a todos y a una invitación a siempre soñar sin desistir nunca.

Marco Moretto

Cuiabà: Eugenio Ballarin

Mi nueva Vida en Mato Grosso

Ingeniero electrónico y manager en varias multinacionales, después de una reducción casi total del personal en mi empresa y muchos meses a mandar por ahí CVs por Europa sin una respuesta, he decidido ir a Brasil. Mi chica es de Cuiabà en Mato Grosso y por lo tanto nos hemos establecido aquí. Me gusta el sitio, porque hay pocos turistas y europeos y todavía hay muchas cosas que hacer.

D: ¿Cuál es el lugar común más falso sobre Brasil?

La imagen del Brasil que se ve siempre es aquel de Rìo de Janeiro o sea gente mulata que baila a ritmo de Samba. Discutible bajo muchos aspectos, en Brasil se escucha mucho más Forrò y Sertaneja (especie de Country Brasileira) que Samba, es mucho más común ver mestizos que mulatos. Por ùltimo hay mucha gente que es absolutamente hostil a esta cultura carnavalesca. En el Mato Grosso el elemento religioso de fondo Moralístico-evangélico es muy fuerte, bajo este aspecto me recuerda mucho el Sur Batista de los Estados Unidos en el que todo se presentan como creyentes vehementes, aunque a menudo el comportamiento no sea igualmente inmaculado.
El estereotipo del brasileño un poco descuidado es bastante acertado, son óptimos compañeros de fiesta, pero si tienen que ser socios de trabajo, o peor, proveedores, se convierten rapidamente en poco simpáticos. ¿Un consejo? ¡Nunca pagar en antelación, o al menos el mínimo posible! Hace falta convencerse un poco, si no uno se se vuelve loco. Cuando fijo una cita para mediodía digo11:59, cuando, perplejos me preguntan porque, les digo que a mediodía me estoy yendo. Luego hace falta sonreír cuando llegan con media hora de retraso (¡si todo va bien!) Lo que un poco te molesta es que no se les ocurre llamarte cuando deciden no pasar para nada. Para un europeo éste parece falta de respeto, pero

para un brasileño, o al menos muchos, es absolutamente normal, en todo caso no lo hacen con maldad.

D: Cada vez más personas deciden dejar Europa para seguir en otro lugar el propio sueño. ¿De quiénes son las responsabilidades?

Actualmente el problema de Europa es sobre todo de tipo demográfico. Cada vez más jubilados y cada vez menos jóvenes. Luego esto entra en la mentalidad de la gente, ya que encontrar un trabajo decente se pone cada vez más difícil y por lo tanto se ha hecho el despido a menudo imposible, lo que a su vez desanima las inversiones de las empresas, nota en un país de "viejos." Se crea por lo tanto una espiral donde invertir y arriesgar no conviene. Ya el Estado (italiano) controla el 52% del producto nacional, como previsible hay poco incentivo para crecer. Los últimos meses cuando ya se consalidava la crisis, me pareció que Europa era siempre más un museo a cielo abierto, un bonito paisaje y muchos no hay nos es futuro en tu país, pero en fin en Brasil se consuela de prisa.

D: ¿Y tú, cuándo has entendido que tu sueño lo habrías realizado al extranjero?

En mi caso mi empresa ha mandado a casi todos a casa, hacia meses que se sabia. Tengo un óptimo Currículum, pero nadie contestó cuando lo mandé. Después de un año así he decidido que no hay futuro en Europa. Esto para entendernos antes de la implosión PIGS (Portugal, Irlanda, Grecia y España.). Brasil este año debería crecer del 9% mientras Europa ya está desde hace años en crecimiento negativo o cero. En los primeros seis meses del 2010 en Brasil han sido creados 1,3 millones de puestos de trabajo. A lo mejor de estos el 90% ofrece sueldos bajos, pero está claro que intentar una aventura en un país que crece aumenta las posibilidades de éxito.

D: ¿Cómo se ve nuestra cansada Europa desde allá abajo?

Para los brasileños Europa y especialmente Italia tienen cierto atractivo. Moda, arte, riqueza, esta última quizás inflada en el imaginario popular, ejercen su atractivo. Pero tengo la impresión que cada vez más brasileños se están volviendo a casa.

D: ¿Se encuentra arrepentido de su elección?

Por ahora no, pero llevo aquí solo un año, quizás sea pronto para valorar. Brasil no es sólo idilio, hay mucha violencia descuidada y muchos de los defectos europeos están presentes de manera exagerada (corrupción, burocrazia). En todo caso de Europa sólo echo de menos a mis amigos, aquí hay un bonito clima, sol, alegría y crecimiento económico en fin me parece que aquí el futuro esté mejor.

Eugenio Ballarin

Maceiò: Mauro Alvisi

Mi nueva Vida en Alagoas

Mi nombre es Mauro Alvisi, vivo desde hace más de 6 años en una espléndida ciudad del Norte Este de Brasil, Maceiò, la capital del Estado de Alagoas (lagune) que toma el nombre del hecho que está rebosante de espléndidas lagunas. Habito algunos km. fuera de la ciudad, cerca de la playa, en un pueblecito poblado predominantemente de pescadores, una localidad tranquila, pero a 10 solos minutos de la ciudad.
¿Os habeìs preguntando por cuál motivo he cambiado radicalmente mi vida y me he trasladado aquí? Beh generalmente contesto divertidamente no lo se, en verdad, no hay un solo motivo sino varios.

Demos un paso atrás de 7 años, período de Pascua 2003, màs o menos 3 semanas antes de mi viaje en Tailandia, el SARS estalla.

En tv estaban todos en alarma y con las mascarillas, mi amigo D. me llama diciéndome que decidió no partir, el primer pensamiento de mi cabeza caliente fue: que làstima, me faltará, pero voy solo, luego he pensado: mi inglés es escaso tendente al pésimo y allá también lo hablan mal, ¿què cosa voy a hacer yo solo en la otra parte del mundo en un sitio dónde hay una epidemia? Por tanto, optamos por otra meta, y visto que yo ya estuve en algunas localidades de Brasil vamos en agencia y pedimos de cambiar, Maceiò no la conocia, pero sentí hablar y me provocó, por lo tanto, entre las posibles metas también habiamos incluido èsta. El destino quizo... digo por decir.. que nos encontraran un "solo vuelo" para Maceiò y entonces... se parte, yo que de la lengua portuguesa entendía dos palabras y hablaba una y D. que no entendia ni hablaba nisiquiera una.

Llegamos al aeropuerto y tomamos un taxi, dirección ciudad, para buscar un alojamiento y aquí.... Comenzò esta SENSACIÓN EXTRAÑA... me la recuerdo como si fuera ahora, durante el trayecto he empezado a sentir una extraña y agradable euforia que me subió desde la barriga hasta el cuello y no entendí cosa era, me miré en vuelvo y no entendí, en efecto, la calle que conduce desde el aeropuert a la ciudad no tiene nada de bonita, sin embargo... esta extraña y agradable sensación era cada vez más fuerte, de vez en cuando me giraba hacia D... y me lo guardé con una sonrisa de oreja a oreja, y él no entendia porque yo estaba tan contento ok... estabamos de vacaciones pero, después de un viaje debilitante y con el pelmazo de tener que buscar un hotel en un sitio que no conociamos y con algunas dificultades en comunicar, toda está alegría no tenia sentido... para hacerla breve, la vacación fue espléndida y volvimos allí en agosto, yo me quedaba cada vez más enamorado del sitio y algunos días antes de regresar gracias a la ayuda de algunos italianos que conocí y vivian allí desde hace tiempo, he comprado una casa fuera de la ciudad, cerca de la playa, una casa para reponer a sitio porque estaba sucia y desaliñada, pero mi amigo E. se ha cogido el empeño de seguir los trabajos y de volverla una florecita y así ha hecho, tengo que admitir que a pesar de mi "azar" y mi inexplicable prisa he sido muy dichoso, he encontrado a personas serias y honestas sea entre los brasileños que entre mis connacionales y por lo tanto, cuando he vuelto, la casa estaba lista y los documentos tambièn.

Desaconsejo a quienquiera una ligereza como la mía, en efecto como en todos los lugares del mundo, las malas sorpresas pueden estar tras el rincón y llegar desde los nativos pero a menudo también de los connacional, es por lo tanto buena norma, procurarse a un buen abogado o alguien que tenga experiencia y sepa cómo moverse en el lugar.

La casa la habia comprado, (agosto2003) por lo tanto volví a Italia muy eufórico, mi pensamiento fue: ¿bien, ahora con calma dentro de un par de años pongo luego a modo las cosas me traslado, pero ¿por qué dejar Italia? Os preguntaréis, si me la psaba tan mal ¡NO, yo estaba muy bien, por "casi todo", tenia un óptimo trabajo (pero que no me gustaba más) que me permitia horarios muy flexibles, de cierto prestigio, y que me hacia ganar bien! Habitaba en un espléndido chalé, que llené con cada tipo de comodidad, tenia todo aquello me gustaba, plasma gigante, chimenea, entarimado de cerezo, climatizador en todos los entornos y la música por todas partes, baño incluido, dónde también habia un jacuzzi multifunciòn con hidro y baño turco, era hecha a mi medida y gusto, y fue posicionada sobre las colinas de Bolonia, en los aprietas de Monteveglio, en una tracciò donde sólo habia casas y donde pasaban pocos coches, situada entre dos colinas y con un pequeño río delante, me gustaba muchísimo estar en el verde y en la tranquilidad, me acuerdo que en las noches de verano habian las luciérnagas, no las veia desde cuando era niño.

De tarde cuando hacia buen tiempo me daba bonitas vueltas en motocicleta, tenia "casi todo" lo que deseaba, ¿pero entonces por qué ir fuera? ¿Beh, se acuerdan del "casi todo"?

¡Desde un poco de tiempo no me sentí más satisfecho, empecé a ver las caras cada vez más tristes, desconsoladas, y enfadadas de la gente, (probablemente por las continuas presiones fiscales y morales, digámosnos la verdad en nuestro bonito país la población es cada vez más "exprimida" y luego, no se puede hacer más nada!, ¡es prohibido todo!) faltó la luminosidad en sus rostros y me sentí cada vez más "malestar", el trabajo que hacia no me dio más estímulos y si hubiera continuado no lo hubiera desarrollado con seriedad y dedicación, ya no me gustaba.

Desde el 1997 mi apasionè por las terapias alternativas y continuaba mis estudios en todas las àreas que me daban una vibraciòn positiva, de consecuencia he estudiado mucho reiki, kinesiologia, reflexiologia, masajes, flores de Bach y ahora tambièn EFT (emozional freedon technique) per no estaba explotanto en maniera òptima todos mis conocimientos en el campo y en aquella època no sabia si habria transformado mi pasiòn en mi professò y me sentia cada vez màs apretado y queria irme, mi pensamiento era hacer un "laaaargo" periodo de vacaciones y era cada dìa màs fuerte. Veia mi queridìsimo amico lamentarse, ha realizado y aun continua haciendo un trabajo estatal que detesta y lo pagan mal, con el espejismo de una jubilacòn (modesta) pero todas las veces quel lega cerca, bummmm, los que "esprime a la gente" con una linda patada lo empujan distante de algunos anos y asi llegò a mi edad triste y enojado, con las manos vacias y aun hace ese trabajo que odia, entonces pensè: sabes què? ¡Me voy!

Así quemando todas las etapas me he organizado, pero esta vez considerando todos los pro y contra, me he echado las cuentas bien, estuve soltero y sin hijos, mi madre vivió junto a mi hermana y ambas gozaron de óptima salud, también he valorado la posibilidad que fuera sólo un espejismo y que después de algún mes, despertándose, pudiera no gustarme estar en aquel sitio, por lo tanto he comunicado a la empresa mis dimisiones y el 2 de febrero del 2004 he partido con un vuelo solo de ida sin saber claramente cosa habría hecho en futuro, pero todavía teniendo mi casa, mi coche y un montón de parte en el caso tuviera que volver. Me acuerdo claramente a mi Jefe L y todavía muy amigo, preocupado con mi llamada ¿pero por qué? ¿Qué ha sucedido? ¿Quieres que volvemos a ver tu posición? ¿pero vas a trabajar para la competencia? A un cierto punto tuve que decirselo:
¡NO, NO HAS ENTENDIDO! ¡ME VOY! ¡VOY A. VIVIR EN BRASIL!

Aquella noticia ha azuzado entre todos los amigos, parientes y conocidos, una notable confusión e incredulidad, se preguntaban por que habría hecho una LOCURA de este tipo, ¿está escapando quizás de las autoridades? ¿Habrá estafado alguien? Para carcajearse de las risotadas, la mayor parte decia que estaba loco y otros de valiente, las preguntas fueron tipo ¿pero la cosa harás? ¿qué comerás? ¿y la delincuencia? ¿y la prostitución? beh, sobre el qué harás aparte una larga vacación no supe que cosa contestar, pero tengo que decir que estas preguntas me han hecho entender cuanto poco conocimiento y cuantos preconceptos hay sobre este país, hablando del Estado en que vivo, que debe todavía crecer con respecto del sur de Brasile, tengo que decir que existe poca información y muy a menudo alterada, pero por favor.. ¿Qué comes???? A parte el hecho que personalmente creo la cocina local es deliciosa, como buen emiliano mantengo todavía en la mayoría de los casos una alimentación rica de pasta, pez, hortalizas y frutos, listos a nuestra manera y aquí se encuentra todo, pasta, parmesano, jamón, aceite virgen extra etc. algunos de estos productos son mediocres y otros de óptima calidad por lo demás como en Europa y en todo caso hay de todo, luego yo soy un amante del pez y cuando lo deseo los pescadores me llevan a pescado fresco y langostas, (a 15 reais al kg hoy unos 7 euros. ¿tengo que añadir màs?) sin hablar de los frutos que son a algo deliciosos, en fin, la alimentación es toda otra cosa que un problema, es más bien un gran placer, pero recuerdo que a uno de aquellos del tipo "sé todo yo" he contestado que habría vivido en una choza y me habría nutrido de bayas y raíces. las risotadas que yo son hecho.

¿La delincuencia? Siempre hablando de la ciudad en que vivo, sì existe, como en casi todos los sitios del mundo, personalmente aparte algunas zonas todavía lo creo que es un sitio bastante tranquilo, se puede pasear sobre el paseo marítimo hasta tarde sin demasiados problemas, está claro que, si te la vas a buscar, a noche honda en una favela o un sitio poco recomendable, los apuros los encuentras, por lo tanto me comporto sabiamente como hice en Europa, evito aquellos lugares como evité, sin revelar nombres, algunos barrios disreputables de nuestras ciudades europeas. Del resto, no me parece de recordar los telediarios europeos lleno de bonitas noticias confortadoras, más bien si la memoria no me engaña también fueron y probablemente son, colmados de atracos homicidios y otras noticias desagradables. Si se buscan cosas desagradables, no hay necesidad de ir muy lejos de casa para encontrarlas.

¿Y las prostitutas? Beh, mira caso, también hay aquí, pero tengo que decir que, en la ciudad dónde vivo, por la calle se ven poco, no se ven casi, cosa que en cambio no se puede decir de la vieja y docta ciudad Bolonia donde sobre las avenidas encuentras a montones por la noche y también de día.

Por lo tanto refutando estos falsos mitos y sin preocuparme de todos aquellos que de algún modo con sus consejos me "querian" partì y como dije, el 2 diciembre del 2004 me he trasla dado. Pensad: una persona que llega desde menos 5 grados a más de 30 a un sitio cerca del mar dónde por 10 meses al año hay el sol y por los otros 2 meses, llueve mucho pero no ininterrumpidamente y cuándo para y sale el sol hacen 28/29 grados, ehh??? Los primeros meses fueron una jauja total, imagínad una casa a 40 metros de la playa, con casi 1000 metros de jardín y una piscina de 50 mq. mi amigo E. también puso la tina con hidromasaje, naturalmente al abierto y visto que grande como yo mia no habia, la hizo sacar de una piscina para niño, no està mal no? La vida era deliciosa, sin preocupaciones, servido y respetado como un pachá, dejé un bonito lugar por uno aún más bonito y estuve bien, dos meses después de decidì de comprar dos perros, siempre tuve gatos que adoré, pero esta vez fue el espacio y la condición de tener perros grandes, entonces salì a la búsqueda de dos dobermann hembras, encontraron a dos hermanitas de 60 días que mira caso nacieron el 2 de febrero, extraña coincidencia, el día de mi llegada a Brasil.

Llevè a casa estos dos animales deliciosos y las Lammè Gina y Emi, la primera como la simpática actriz cinematográfica y la segunda como mi amiga española, muy dulce, y poco tiempo después empiezan los paseos sobre la playa, que maravilla, me levantaba cuando queria, espléndidos desayunos en porche y luego calle, mar, paseos, visitar sitios nuevos, y de noche se salìa tarde a cena y luego a divertirse, una jauja, pasé un tiempo vergonzoso haciendo este tipo de vida, mi año sabático se dilató y pensé que no me habría cansado nunca de vivir así, pero un pequeño vacío se hizo dentro espacio y mi genética que siempre me empuja a hacer y a ser de algún modo útil, me dijo que no estaba aquí solo para ésto.

Algún tiempo después, un día era en Praia do Frances en el restaurante de un amigo y entre un espagueti con los gamberetis y un "vasote" de vino me habla de un vecino, un americano que estaba realizando un proyecto de una escuela para niños pobres, mientras M. habló sentí una sensación agradable, esta cosa me tomó.
Combiné un encuentro, D. me gustó enseguida, con aquella cara honesta y angélica, habló con un tono calmo y relajado y cuando le pregunté como se llamaba el proyecto me dijo StarFish, estrella de mar, auquello fue para mí la señal.
Algunos años antes, cuando aùn estudiaba kinesiologia, me fue mandada por una persona que estimo mucho, una historia, muy significativa, con la invitación a "hacer la diferencia", me acuerdo que me golpeó intensamente.
La resumo brevemente.

Un mañana después de una fuerte marejada, un hombre sabio que solìa caminar en playa antes de iniciar a escribir, vio en lejanía una figura humana que parecia bailar, sonreído al pensamiento que alguien bailara para celebrar el surgir del día aceleró el paso para alcanzar a aquella persona, acercándose se percató que era un muchachito y que estaba recogiendo la arena y amablemente le preguntó: "¿qué haces? El muchachito contestó estoy tirando las estrellas en mar, de otro modo morirán, el hombre sabio dijo: "¿pero no ves que son millares? No lograrás salvarlas todas." El muchachito lo miró y disgustando otra estrella en mar contestó: es cierto, no lograrà salvarlas todo pero cada una que salvarà, hará la diferencia, para ella y para el mundo.

El proyecto de D. era muy importante y previsor, llevar a los niños hasta a la edad en que pudieran elegir si seguir estudiando o aprender un trabajo y también seguir esta etapa, implicando a los padres con trabajos artesanales para autosustentarse y ayudar a la escuela, todo habría sido curado hasta en los detalles la alimentación tenia un cui dado especial en términos de balance y tipos de productos, (si queréis, los detalles están en el sitio de la escuela http://www.escolaestreladomar.org/home/it.html) por lo tanto decidì de apoyarlo.

Mi empeño fue encontrar fondos desde Italia.

El principio tuvo lugar en un barrio muy pobre y en una casa muy vieja, cuando D. que en aquella época todavìa no conocia a su actual mujer C. volvió a los EE.UU y yo seguí más de cerca las cosas.

Las dificultades fueron muchas y no sólo para recobrar fondos, pensad que se echó la voz que D. hacia esto para vender los órganos de los niños, la experiencia de vida de aquellas personas les impidió aceptar el hecho, que allí alguien hiciera esto solo para ayudar al próximo y no por finalidades provechosas u otro, (efectivamente una cosa como esta entiende todos los días, los obstáculos también vinieron de las asociaciones tan dichas "benéficas" del lugar que no perdieron ocasión para ponerle los bastones entre las ruedas, me acuerdo el desaliento, no entendí el por que esta hostilidad, también las actitudes de los padres de los niños no ayudaron, y el personal empleado, aunque sabia muy bien que estaba haciendo todo esto solo para darles a aquellos críos un futuro mejor y que a aquella época D. estaba usando sus propios recursos financieros, no perdieron ocasión para encontrar modos solapados para robarle el dinero.

Tengo que admitir que D. y su mujer C. han tenido una paciencia cartuja y una dedicación extraordinaria, después de un año la sede cambió, se trasladó a una casa con un jardín menor pero con una estructura más amplia y seguro, hospedó a 23 niños, mi trabajo dio algún fruto pero no aquellos esperados y empecé a desanimarse, cuando un día, un amigo me dijo que una amiga tuvo a una amiga, justificación el juego de palabras, que habría llegado a días, desaforadamente esta señora perdió recientemente el hijo en un incidente avión y quiso realizar un proyecto del hijo que fue nota aquel de crear una estructura para ayudar a los críos pobres del Brasil.

Mientras mi amigo hablaba sentì de nuevo aquella sensación y he pensado AQUI ESTAMOS pregunté de combinar lo más pronto posible un encuentro, para ser lo primero, visto que habría valorado otras posibilidades, por lo tanto he desempolvado algunas viejas técnicas y con todas las intenciones más buenas del mundo me he preparado, he visualizado todo, cosa habría dicho, hecho y el objetivo final.

La tarde del encuentro he hecho de modo de ponerme sentado cerca de ella y he empezado mi trabajo.

Tengo que admitir que en aquella ocasión he usado algunas formas de comunicación que pueden ser consideradas levemente manipulativas, para hacer colgar el fiel de la balanza a favor de nuestros críos, pero a hoy no me arrepiento de ello, de hecho no he dicho ninguna mentira el proyecto fue y es límpido, transparente y muy válido y las personas que lo promovieron honestas y de confianza.

Después de algunos días y después de haber valorado otras posibilidades esta señora, nos comunicó que habría apoyado el proyecto, y habría dado a la asociación el nombre del hijo.

Gracias a esta persona y al deseo del hijo, pero también a D. y a C. que la han ciudado y mimada como a una cría, hoy la escuela es una estructura muy importante, hospeda más de 120 niños y está en continuo crecimiento. Visitad el sitio, os dará la sensación de respirar aire puro entre la polución de nuestro los días.

Hoy sigo de lejos la cosa, pero ha sido una etapa importante de mi vida.

Dando atrás un paso a los primeros tiempos de la escuela, un día D. me preguntó si podia ayudar a algunos críos con las flores de Bach y enseñarles a las maestras algunas técnicas ligeras que pudieran ser aplicadas sobre los niños.

Aquella solicitud me dio enseguida nueva sangre vital y me metí enseguida a la obra, despertó algo que se adormeció dentro de mí.

Recomencé de nuevo a estudiar los textos pero también a hacer nuevas búsquedas y experimentar nuevas técnicas, después de pocos meses decidì de abrir un estudio donde habría trabajado con las terapias alternativas.

Me di cuenta enseguida que nadie conicia la kinesiologia y la miraron todos de lejos, algunos con desconfianza algunos con interés, la cosa provoco interés, fui invitado a algunas tv locales y a una radio para ilustrar mi trabajo. La mayor parte de las personas que llamó quiso saber si este tipo de terapia era convenido con los seguros o con la que es nuestra mutualidad, los clientes que tuve fueron muy selectos y de alto nivel cultural, pero no suficientes para cubrir los gastos de un alquiler, una secretaria, los recibos y recompensar mi trabajo.

Fui invitado a colaborar con algunos centros estèticos, me acuerdo de una doctora que enseñándome la estructura que estaba a punto de ser acabada, me preguntó de qué se trataba. Y cuando empecé a explicar que abraza muchas técnicas y trabaja prácticamente con todo, músculos, neuro linfáticos, neuro vasculares, alimentación, flores...perdiò la sonrisa, llevó los brazos al pecho en clara señal de cierre y me dijo, de acuerdo, luego me meto en contacto. Y nunca mòs la volvì a sentir.

No tenia mucho trabajo por lo tanto pasaba mi tiempo en la búsqueda de cosas nuevas, un bonito día encontré un artículo en el EFT (emotional freedom technique) provenia del TFT una técnica que trabaja sobre los meridianos de la acupuntura, pero sin la necesidad de las agujas, La estudié superficialmente años antes pero fue muy mejorada y simplificada, entré de cabeza en esta novedad, empecé a usarla con óptimos resultados y visto que puede ser autoaplicada y se puede hacer a distancia, practicamente con los mismos resultados, considerando el hecho que puedo ayudar una persona de Maceiò que vive en cualquiera parte del mundo, a condición que tenga un teléfono o internet, la ventaja es grande, por lo tanto cerrè el estudio y abri otro sitio y ahora trabajo así, comodamente desde mi casa, con cita y sin los gastos de alquiler, secretaria, recibos, transporte etc. ¿mucho mejor no?

Más adelante a lo mejor, empezaré a también frecuentar algún curso, para difundirla mejor y darle a la gente la posibilidad de aprenderla.

Decidi de escribir un e book sobre las terapias alternativas. El objetivo era y es ayudar las personas a alcanzar un buen equilibrio psicofísico y luego mantenerlo, después de algunos días aparecieron el traductor y el técnico que me ha realizado el sitio y cura la parte de la compaginación e imágenes, a aquel punto la poca preocupación que tenia, desapareció.

La ayuda de E. (el webdesigner del sitio) ha sido fundamental, también me dio ideas muy interesantes aquellas de girar e incluir de los pequeños film hogareños, realizados en mi jardín, para enseñar los puntos y como estimularlos. Tengo que decir que E. ha hecho un óptimo trabajo.

Ahora, el e-book se encuentra a la venta online, todavía no es muy visible pero con el tiempo conseguiré indudablemente buenos resultados http://www.ebooksaudeebemestar.com.br /.

Casi estuve a punto de olvidar, también me he involucrado en la construcción.

Verano 2008, almuerzo en casa de un amigo, a Praia do Frances, entre una parrillada, un caipiroska y una zambullida en piscina entramos en el discurso de como se estaba bien allí, que la parcelación era bonita, que la localidad estaba en fuerte crecimiento, que las loterías primitivas todavía era baratas, tan tomados por la euforia del momento le pregunté si habría logrado encontrar uno de aquellas partes. Asi a lo mejor más adelante me habría construido también una casa en aquel lugar.

No me acuerdo que me contestó, estuve achispado, a cada modo me llama algùn dìa después y me decia que habia un terreno disponible al lado de su casa, los humos del alcohol habian pasado pero siguió pareciéndome una buena idea, me he tomado un poco de tiempo para pensar en cuanto ya tenia mucha carne al fuego, una casa confinante a aquella donde vivo que compré años hace y que le alquilo a los turistas y además de esto la gestión de la villa de algunos amigos que tiempo atrás han decidido hacer una inversión, aquellos mis ex colegas de trabajo y amigos, ¿recordáis? beh propio ellos.

Me pareció mucha cosa, así lo he olvidado...por aquella semana. Poco tiempo después compré dos terrenos confinantes, con la intención de hacer más adelante algo.

Con el pasar del tiempo no tuve màs la idea de edificar una casa pero de los pisos, he pensado a realización un pequeño aparthotel, 12 pisos con la piscina en medio.

Quise hacerlo, pero de construcción no entendia nada...

Algunos días después encontré a mi amigo M. (aquel del restaurante en la playa) él ya construyó un pousada y también un pequeño aparthotel tipo el que queria hacerme y como es una persona seria y de confianza le he dado a la gestión de la obra, beh. sepáis que no ha sido fácil hacer trabajar el personal, hubo un constante control para evitar que se emboscaran en los rincones a dormir, a veces me daban gans de sonreír porque me recordaba yo, cuando tenia 19 años y trabajaba en un taller mecánico, estaba fuera toda la noche a armar jaleo y de día me dormia parado, asi apenas podia, me metia en los cajones a dormir una siesta, otros tiempos... y mira como cambian las posiciones en la vida.

Hoy son prácticamente terminados y también han salido bien, estoy moviéndome para empezar a venderlos, uno lo tengo para mí y los otros los vendo o quizás venda algunos y otros los alquilo en espera que todavía aumenten de valor, veré. Por info sobre mis inmuebles:

http://www.brazilrealproperty.com/viewad.asp?id=50004980714100043

¿Qué haré después? No sé, quizás. me relajo, quizás.

Éste ha sido mi mejor recorrido en este país. ¿No mal por alguien que quiso sólo hacer vacación auténtica? Se en que estaìs pensando...¡has ido allí para estar tranquilo y luego mira cuánto trabajo!De hecho, estar aquí me estimula la creatividad y me da energía para hacer, y en todo caso no he perdido la buena costumbre de divertirme, donde soy yo hace calor practicamente todo el año y con el bonito tiempo se sabe que el humor y el organismo obtienen grandes beneficios.

Desde entonces todos los años hago un viajecito a Italia, la cosa extraña es que ir allí para mí es un peso, la gente no nos cree pero es así, prefiero pasar aquí el invierno antes que el verano allá, un escapada la hago para visitar a mi madre y mi hermana, pero me quedo lo mínimo indispensable 15/17 días, me hago hasta un plan de las cosas que hacer para poder calcular los días, pensad que cuando llego a Portugal ya me siento nervioso, y cuando llego a Bolonia empiezo a sentir malestar.

También hay momentos bellos está claro, pero después de haber visto que parientes y amigos están bien y después de haber comido los tallarines y los tortelines de mamá, ya tengo ganas de volver a casa.

Todo sumado es una cosa positiva, si echa el ancla tanto me gusta estar aquí, quiere decir que a su tiempo he hecho la elección justa.

De vez en cuando encuentro alguien a lo mejor también con notables posibilidades económicas, que me dice la usual frase: antes o después también yo me traslado, pero ahora no puedo por que bla bla bla, estas personas se quedarán sobre la puerta de casa toda la vida y alguno se la dejará correr sin vivirla, y es una làstima.

¡Si tenéis las ganas las posibilidades y las condiciones, no hagáis como yo que he perdido tiempo, he esperado hasta a 45 años!!

Mauro Alvisi

Fortaleza/Natal/Recife: Stefano Marchese

Mi nueva Vida en el Rìo Gran Do Norte

Me llamo a Stefano Marchese y soy un empresario de Roma. Desde hace 3 años frecuento el Brasil y por año y medio he vivido establemente;   más precisamente en el nordeste del país, dividiéndome entre las localidades de Praia De Pipa, paraíso naturalístico situado a 80km. al sur de Natal (y donde por un año he administrado una pousda) y las ciudades de Recife y Fortaleza.
                    Mi contacto con Brasil ha sido casual, sobre la escolta de los cuentos fiabescos de mis amigos representantes, al tiempo en el cual aun administraba una actividad comercial a Roma: despertada la curiosidad por la aparente

sencillez y rentabilidad de inversiones en aquel país he acompañado a uno de ellos para averiguar de persona. Mi trabajo no me permitia a aquella época de quedar demasiado a largo, pero en solo 5 días, tomados por el entusiasmo, me decidì en todo caso a comprar un piso, en un barrio residencial de Recife. Vuelto a Roma contacté por la embajada brasileña a un abogado italiano, domiciliado en Fortaleza que por sus contactos en arriendo hizo una visura de la unidad inmobiliaria y la empresa de construcción, alentándome por fin sobre la validez del asunto. Ha sido la primera de una serie de otras inversiones inmobiliarias: de allí a poco habría abierto una sociedad inmobiliaria con otros 3 inversionistas italianos al objetivo de ad ministrar mejor nuestras propiedades.

D: ¿Cuál es el lugar común más falso sobre Brasil?

Que sea todo simple y rentable... a pesar de la relativa facilidad y conveniencia de mi primera improvisada inversión he tenido que padecer luego no poco para lograr conducirlo a renta, pasando aparentemente por una serie interminable de embelecos de parte de personas de confianza (mi prometida, agentes inmobiliarios, mediadores, artesanos, inquilinos, etc.) y habiendo ya previamente esquivado personajes incumplidores; digo esto no para desanimar a los aspirantes inversionistas sino para aconsejarles de armarse de paciencia y cautela; despuès con sano realismo y elegiendo los referentes justos también podrán hacer conspicuos negocios...

D: Cada vez más personas deciden dejar Europa para seguir en otro lugar el propio sueño. ¿De quiénes son las responsabilidades?

Deberíamos abrir un capítulo muy extenso que ocuparía probablemente el mismo espacio de este libro... somos desaforadamente peones en un juego de estrategias geopolíticas en que los más dichosos (también sólo por índole avventurosa) intentan colocarse en los pocos espacios todavía dejados accesibles a la esperanza y a la ambición personales

D: Y tú ¿cuándo has entendido que tu sueño lo habrías realizado al extranjero?

Siempre he tenido la gran suerte, o quizás la prudencia, de dejar el barco, cualquiera fuera la actividad identificable en su momento con esta metáfora, poco estreno que hundiera... desde hace algunos años reconocí las cada vez más inquietantes señales de la crisis próxima a venir y que habría frustrado irremediablemente, sin una lista reacción, las inversiones hechas en 10 años de duros sacrificios en el ámbito del comercio y, creo, hábiles incursiones en lo inmobiliario... así en el 2008 logré vender mi actividad e incluso perdiendo bastante dinero, teniendo que practicar un precio de rescate apetecible, logré liberarme para poderme dedicar a la nueva aventura

D: ¿Cómo se ve nuestra cansada Europa desde allá abajo?

En este reciente año y medio he seguido efectivamente más las suertes de nuestro continente que de aquel de adopción... Europa ya sufre desde hace casi veinte años una crisis irreversible debida a la rebaja culpable de gran parte de las propias industrias, a la expropiación de la soberanía monetaria, de parte del banco de Italia antes y del BCE luego, bancos PRIVADOS, recuérdenlo a los muchos ignorantes, y por fin pero no completa, a la renuncia también de la soberanía política, (dejada por nuestros gobernadores incompetentes y corruptos renta anual de los bien más listos lobbisti de la unión europea y los más altos referentes mundiales)...

D: Tu lugar secreto....

Desaforadamente hasta ahora no he tenido nunca mucho tiempo para pararme y gozar de Brasil: si bien el pousada, objeto del deseo de muchos conciudadanos con toda sufantasiosa iconografía se ha revelado una actividad mucho màs que rentable y ligera: Brasil es ya un país extremadamente competitivo y la profesionalidad y la calidad ya son un hecho, sobre todo para nosotros los extranjeros que tenemos que sobresalir con respecto a los brasileños inevitablemente favorecidos por "jugar en casa.".. admito que un papel fundamental a aliviar la fatiga de entender un país solo aparentemente fácil de interpretar, ha tenido fuera las mujeres, depositarias de sensualidad y feminidad del ayuntamiento: basta ya una caricia, que una brasileña despensa generosamente también a un desconocido como intercalar en una ocasional conversación, para hacer aparecer todo mucho más alegre y agradable.

D: ¿Esta arrepentido de su elección?

No. Lamento con amargura el hecho que no sea posible construir el propio bienestar en nuestra patria y se deba también con desdén volverse la mirada hacia metas más acogedoras... por otro lado la alternativa habría sido invertir en otros países emergentes como India, China o Rusia pero la proximidad cultural, el clima favorable y porque no admitirlo, las gracias femeninas inalcanzables han hecho la diferencia en orientar la elección.

Stefano Marchese

CAMBIA TU VIDA CON ERIKA BREVEGLIERI

Me llamo Erika Breveglieri y me ocupo de International Business y ofrezco consultoría a quien quiere invertir y trasladarse al extranjero y viceversa para quien del extranjero quiere venir a Europa. Más precisamente obro en los siguientes sectores a nivel internacional:

- •TRASLADOS AL EXTERIOR
- •REAL ESTATE
- •GESTIÓN INMOBILIARIA TURÍSTICA Y COMERCIAL
- •HOME STAGING

Mi estructura, al dìa de hoy, cuenta bien 12 referentes directos en el mundo, uno de estos es el autor de este espléndido y único libro. Es activa desde hace tres años y se renueva constantemente, siempre insertando nuevos destinos y oportunidades en el mundo inmobiliario y no sólo.

Se convierte en así la única estructura en Europa, capaz de ofrecer una VERDADERA CONSULTORÍA a quien quiere invertir, trasladarse al extranjero y no sólo. Trabajando con referentes directos en location, el cliente es seguido desde Europa en todas las fases más delicadas de su proyecto sin tenerse que desplazar más y más veces, gastando tiempo y dinero preciosos.

Al dìa de hoy obramos en muchos países, entre los cuales el BRASIL, MÉXICO, PANAMÁ, COSTA RICA, ESTADOS UNIDO, CAPO VERDE, KENIA, TUNICIA, EGIPTO, ZANZIBAR, ESPAÑA, FRANCIA, RUMANIA y BULGARIA. Tenemos por lo tanto la visión global de los mercados inmobiliarios y estas realidades socio-económicas. Podemos aconsejar luego y conducir el cliente de modo objetivo, respetando sus exigencias y realizando su PROYECTO DE VIDA de modo seguro y concreto.

Nuestros clientes están entre los más diferentes, tenemos la pareja joven, el soltero con socio/a, la familia con niños y los ancianos jubilados, que buscan cada vez más a menudo la paz y la serenidad en un sitio caliente y tranquilo, para disfrutar a lleno la propia jubilación.

Hablando aquí en el específico de Brasil, es indudablemente una de las metas más buscadas por quien quiere invertir y cambiar de vida, a menudo en cambio, el error más común entre mis clientes es pensar que en este país hagan falta presupuestos muy estrechos para realizar proyectos muy ambiciosos. Uno de estos podría ser la abertura de un restaurante, de un pousada o sencillamente la abertura de un negocio made in Italy. Otra cosa que noto frecuentemente siempre es la falta de proyectos concretos y bien definidos antes de la salida, cosa que aconsejo y

que les es asegurada a nuestros clientes durante la primera consultoría.
Si deseáis mayores informaciones sobre mis actividades visitadas mi sitio, www.erikabre.jimdo.com

Erika Breveglieri

GANAR EN BRASIL CON EL HELADO

Loris & Loretta proponen aquí una inversión de seguro éxito en Brasil.
" ¿Estáis en busca de una ocasión para invertir al extranjero? ¿Deseáis ganar con una actividad comercial, ya experimentada y simple? ¿Deseáis iros de vuestro País, pero no sabéis todavía que actividad emprender? Con nuestra experiencia madurada en el sector del Helado Artesanal, podemos ayudar quien tiene realmente ganas de cambiar de vida. En mejor naturalmente.
Nuestra empresa "GIA" artesanal (Gelato Italiano Artigianale), nace de la idea de crear una estructura capaz de exportar nuestra experiencia en el campo de la fabricación del helado.
Les gusta a todos, adultos y nenes, porque es gustoso, fresco, blando. Se derrite en la boca, cosquilleando el paladar y dejando una agradable sensación de descanso. El helado es un alimento auténtico, nutritivo y para nada ipercalorico, como muchos podrían pensar. Dietólogos y nutricionistas también lo insertan con mucho placer en los régimenes adelgazantes, porque el helado es un bonito premio al final de un almuerzo a régimen controlado, una exquisitez de saborear como merienda o como postre, una glotona ocasión en calidad de sustitutivo de comida.
Nuestra empresa no es un "frachising", que obliga al cliente obliga a contratos vinculantes, sino una agencia que deja la completa libertad, al cliente, de desarrollar sucesivamente el propio trabajo a

justo agrado. Somos una pareja de italianos que vive en Portugal "Algarbe", desde hace casi diez años. Aquí hemos abierto una actividad, de producción de helado artesanal, italiano, precisamente un laboratorio donde construimos el helado, para luego venderlo a los hoteles, restaurantes y heladerías de la zona.

Nuestra idea actual es dar la posibilidad a quienquiera de emprender esta actividad, en cualquiera parte del mundo.
Quien lo considera una bomba de calorías se equivoca mucho, más bien se podría decir casi que es un producto que puede ser considerado dietético. Entre los dulces, es hasta aquel menos calórico y menos rico que grasas. Del punto de vista de las propiedades nutricionales, el de la crema resulta ser el mejor, el helado a la fruta es en cambio menos calórico, pero más pobre que proteínas (en la preparación no se utiliza la yema de huevo) y de grasas, a menudo a la leche es reemplazada un batido de fruta. A igualdad de cantidad, las calorías provistas por el helado a la crema son 208 contra las 138 de aquel a la fruta.
Si deseáis disminuir las calorías sin renunciar al helado, elégidlo artesanal, contiene menos grasas concentradas con respecto de aquel industrial, a la soja o a base de sólo yogurth o bien los productos hipocalóricos, pobres de grasas y con una cantidad reducida de azúcares. No sólo el helado es bueno, sino que constituye un precioso manantial de energía para nuestro organismo. Las únicas sustancias que faltan completamente son las fibras.
Según cuanto sustentan las estadísticas, la población mundial es glotona de helado: sólo en Italia los consumidores son más de 33 millones, con una facturación de 4 billón de euros al año y 600 mil toneladas de producto vendido y 1.479.001.944 de porciones. ¡La primacía mundial por cabeza entendéis! Pero además de hacer de ello gran empleo, también somos buenos a hacerlo (no lo olvidemos, nosotros lo hemos creado, en la Florencia del 500'), tanto que hicimos ascenderItalia a primer productor al mundo de helado artesanal. En los EE.UU. por ejemplo, el 10% de la producción de leche es destinada a la producción de helado. Los 5 mayores consumidores de helado al mundo son: EE.UU., Nueva Zelanda, Dinamarca, Australia, Bélgica-Luxemburgo.

El consumo mundial ha aumentado del 21% en los últimos 5 años y nuevos mercados estan en expansión en Asia, África y América latina.

El consumo mundial de helado en litros por cabeza es de:

Nueva Zelanda	22-23
Estados Unidos	24
Australia	18
Finlandia	14
Irlanda	13
Suecia	12
Canadá	9
Italia	9.2
Dinamarca	8.7
Reino Unido	8
Chile	5.6
España	5
Malasia	2
China	1.9
Japón	0.01

Con nuestra experiencia madurada en el sector, podemos ayudar quien tiene ganas de cambiar País y trabajo. Podemos seguir paso a paso las futuras, la elección del lugar donde instalar el laboratorio, la adquisición del aparejo necesario para la producción del helado, a la adquisición de las materias primeras y todo aquello que atañe el helado: escuela, recetas (también las gustosas y especiales creadas por nosotros de propósito para los "chefes" de cocina) y abertura de varios puntos venta, para poder también permitirles a las personas todavía inexpertas de realizar y siempre mantener el estándar cualitativo que desde siempre distingue el helado italiano artesanal en el mundo. Basta ya poco, un simple laboratorio, para poder llegar a ser el verdadero dueño de la propia vida y el propio tiempo.
Donde abrir: principalmente en Países a fuerte desarrollo turístico anual, o bien en grandes centros urbanos a alta densidad de la vivienda, donde hay un buen número de hoteles y restaurantes de categoría medio alta.

Que sirve: un local de aproximadamente 45 mq. y una inversión mínima de €45-50 mil euros.

Que ofrecemos: asistencia en la realización del proyecto.

Adiestramiento del personal en loco, sea para la producción del helado que para la mercadotecnia.

Asistencia sea estreno que después de la abertura del laboratorio.

Por informaciones contactar:
Loris & Lorella
Cell. 00351 960-396289
Mail: loryelori@hotmail.com
http://www.ilgelatoitalianoartigianale.com

HOSPEDAR EN EUROPA A UNA CHICA BRASILEÑA

¿Quieres hospedar en Europa a una chica brasileña? Aqui está lo que tienes que saber… Ante todo la elegís bonita… en Brasil hay chicas guapísimas, seáis honestos y os llevaréis bien con ella y ella harà igualmente.

¿Has estado en Brasil? ¿También tú has conocido a una chica que te ha hecho perder la cabeza? ¿Querrías invitarla a transcurrir un período en Europa? Beh, aqui entonces un par de cosas que debes saber absolutamente.

Ante todo te sacas de la cabeza que sea simple.

Nosotros los europeos nos desplazamos tranquilamente en todo el mundo y nadie nos hace problemas, está claro, llevamos un poco de nuestros euros al extranjero…pero para un chico/chica brasileño/a es un poco diferente, un poco más complicado.. y esto te hará entender enseguida si se trata de un simple "amorìo" o es algo más serio.

¿Por cuànto tiempo?

Ante todo el período previsto para una visa de turismo para una chica brasileña sólo es válido por 90 días y es improrrogable. A nada vale decir: "pero porque nosotros europeos podemos estar en Brasil 90 días y luego prorrogar por otros 90 días por un total de 180 dìas? ¿No debería ser también igual para ellos? ". Nada que hacer, 90 días es el límite máximo de permanencia con visa turística.

¿Qué es necesario para entrar en Europa?

Pasaporte, obviamente, que tenga plazo más allá de los seis meses siguientes a la fecha de llegada prevista, sin ningunos vistos particulares, para quien viaja por turismo.

Pasaje de vuelta. Es posible que le sea pedido de demostrar de ya estar en posesión de un pasaje de vuelta dentro de los 90 días de la fecha de llegada prevista. Non es vàlida (alemno en la mayor parte de los casos) una simple reserva.

Dinero: El turista brasileño tiene que poder demostrar de ser capaz de sustentarse en este período y de tener dinero a suficiencia para alojamiento y comida y, si os estáis preguntándolo, a nada sirve la invitación en la cual se declara que seréis vosotros a ocuparos de alojamiento y comida. Ella o él tendrá que entrar en Europa (o mejor dicho en un país Shengen) con el dinero suficiente para "vivir" por el período previsto.

Añadimos una pequeña nota: demostrar los medios de sustentación (el dinero) debería ser solicitado a la entrada en uno de los países Shengen. Luego si ella o él viaja con el Tap Air entrará en un país Shengen a Lisboa y por lo tanto en Portugal. Es allì que puede ser solicitada la exhibición del dinero o los traveller's Cheque. No pensad por lo tanto que podèis esperarla en el aeropuerto de Venecia, Milán o Roma con el dinero en el bolsillo.

En Portugal son fiscales. ¡no tienes los medios, vuelve atrás! Han sucedido estas escenas... después de haber adquirido un pasaje de ida y vuelta por más de 1.000 euros no podéis arriesgar con ésto.

Un consejo. Si el hacéis llegar directamente a vuestro pais es indudablemente más fácil. Os aconsejamos por lo tanto de adquirir un pasaje directo. Para hospedarla deberéis, a menos que no los tenga ya, mandarle algunos miles de euros. Y ahora se verà si tenéis realmente confianza en ella....

TABLERO PARA DETERMINAR LOS MEDIOS DE SUBSISTENCIA DE UN TURISTA EN EUROPA

Durrata del viaje Em dias	Num. de personas Un viajero	Dos o màs personas (por persona)
De 1 a 5 dìas (valor fijo)	Euros 269,00	Euros 212,81
De 6 a 10 dìas valor diario a persona	Euros 44,93	Euros 26,33
De 11 a 20 dìas (valore fijo)	Euros 51,64	Euros 25,82
Màs valor diario a persona	Euros 36,67	Euros 22,21
Màs de los 20 dìas (valore fisso)	Euros 206,58	Euros 118,79
Màs valor diario a persona	Euros 27,89	Euros 17,04

¿Qué es necesario hacer una vez en Europa?

Una vez llegada, beh disfrutad el primer día con ella, pero no se ha terminado. Dentro de 2 días tenéis que dar comunicación en vuestro ayuntamiento de residencia del nuevo "huésped" y hacer

un documento de "cesión" a empleo gratuito de edificio. Es un documento en el cual se declara que habitará gratis como huésped y para que el ayuntamiento sepa que reside en vuestra casa. No cuesta nada.
Beh, chicos, la última cosa os queda por hacer es difrutar juntos este período.

BRASIL-EUROPA: EL ADELANTAMIENTO

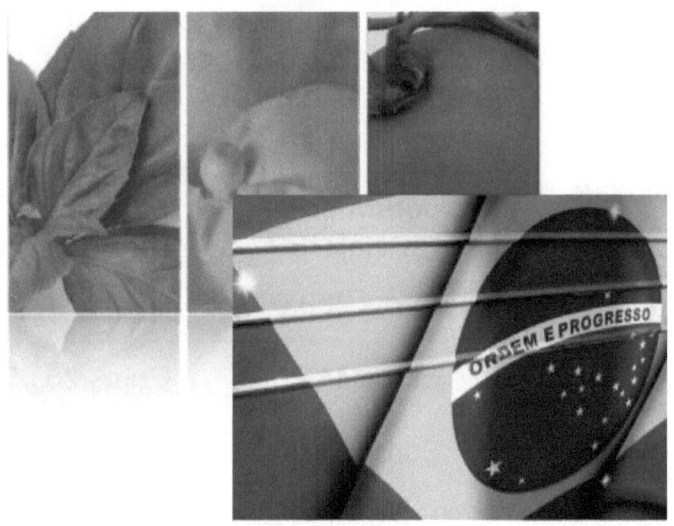

Los órganos de información brasileños están dando amplio resalto a la noticia, aparecida sobre el "Corriere della Sera del pendiente adelantamiento de la economía brasileña contra aquella italiana. El periódico milanés preve que el derrocamiento de las posiciones históricas pueda ocurrir dentro de un quinquenio. El periódico reconduce: "(.) Brasil ha ya superado si se considera el pil a igualdad de poderes de adquisición, es decir en relación a los precios internos del país. Es a un alguno apunto en los próximos cinco o seis años, un poco antes o un poco después según las tasas de cambio y crecimiento, también ocurrirá el adelantamiento de Brasil sobre Italia en términos absolutos (...) son tendencias como a explicar porque hoy los grandes grupos industriales italianos (…) punten a fortalecerse donde ven más crecimiento y más poder que adquisición total en futuro. No sólo donde los costos de producción son más bajos." Comentando el trozo publicado por el "Corriere", subrayó como tradicionales potencias económicas mundiales como Italia tengan que enfrentar "hoy situaciones primero consideradas típicas de los países en desarrollo. Por ejemplo el enorme déficit público, la alta tasa de paro y la difusa deuda de la población". La red televisiva con sede a São Paulo evidenció que el producto interior bruto italiano, según datos apenas difusos, ha bajado del 4,9 por ciento en el 2009 y que para el año en curso no hay epatantes perspectivas de reanudación. El pil brasileño, al revés, en el 2009 ha quedado sustancialmente inalterado y, según consideraciones del Banco Central, en el 2010 crecerá del 5,5 por ciento.

EL SIGLO XXI SARA' IL SIGLO DEL BRASIL

Al principio de los 2009 numerosos economistas afirmaron que Brasil, junto a los otros mercados emergentes, habría padecido de modo grave de la crisis económica que estaba atravesando el mundo. A un año de distancia la situación aparece muy diferente de cuanto se esperara y las perspectivas para el 2010 hablan claro: Brasil ha sido uno de los países a entrar más tarde en la crisis y uno de los primeros en salir. Por esta razón la reanudación de la economía brasileña, aparecida evidente ya de la mitad del 2009, es destinada a también continuar este año: para el 2010 el gobierno de Brasilia espera un crecimiento del 5% del PIB. Los resultados económicos del gobierno de Lula también tendrán consecuencias importantes sobre la situación política de Brasil; tales performance, en efecto, no podrán que influenciar el resultado de las elecciones federales que se tendrán en octubre.

Para muchos periódicos del Priero Mundo es el hombre del año y una de las personalidades más influyentes del planeta. Como la colega chilena Michelle Bachelet dejará el poder al ápice de la popularidad y, como ella, no busca la reelección, obsesión de muchos presidentes latinoamericanos. El Mundo ha entrevistado Inacio Luiz Lula de Silva y en el fondo es bonito cerrar el año con el primer presidente sindicalista de Brasil. Quien quiere leer la entrevista en lengua original la encuentra aquí: http://www.elmundo.es/america/2009/12/29/brasil /1262057660.html

Los brasileños solian decir que su País era "el País del futuro", pero de un futuro lejano. ¿cree que por fin ha llegado?
Estoy convencido que el siglo XXI sea el siglo del Brasil. Vivimos un momento excepcional. A pesar de la crisis, hemos creado este año más de 1,4 millones de puestos de trabajo, mientras que un millón de puestos de trabajo han sido sacrificado en los Países ricos. También las inversiones han vuelto a hablar de modo vigoroso y en todos los sectores de la economía se respira optimismo y confianza. Hemos conquistado la estabilidad democrática por la solidez de las instituciones y por el respeto de

las libertades civiles y estamos venciendo el más grande de nuestros desafíos: reducir la pobreza y las desigualdades sociales.

Su Gobierno ha logrado reducir la pobreza, es un hecho. Un viejo refrán chino dice: "Regala un pez a un hombre y lo alimentarás por un día, enséñale a pescar y lo alimentarás por el resto de su vida". ¿Cree Usted de haber hecho asistencialismo o de haber sacado de la pobreza a personas que podrán valerse por sì mismas cuando acabarán los programas de ayuda? ¿Ha regalado pez o cañas de pescar?

Es un refrán también muy popular en Brasil. Por este no estamos regalando nada. Lo que estamos haciendo es ayudar a las personas a ayudarse a sì mismas. Las familias sólo reciben ayuda si todos los hijos tienen un buen rendimiento escolar y la familia recibe atención médica. Con ésto nos cercioramos que la próxima generación de brasileños tendrá todas las condiciones para contribuir productivamente a la sociedad, sin más ser prisionera de la pobreza o el asistencialismo, que la única cosa que consigue es reproducir pobreza.

Este año hemos visto un helicóptero de la policía derribado por delincuentes a Río de Janeiro. ¿No es la droga el gran enemigo de la democracia en América Latina? ¿Qué ha hecho su Gobierno? ¿Es un problema que puede ser afrontado por cada País o sería necesaria una acción política coordinada entre varios Países golpeados por el mismo problema?

En el ámbito del UNASUR se está creando un consejo dedicado a combatir el narcotráfico. Parte de la solución de este complejo problema es la reducción de la pobreza y las desigualdades. Otra parte es la creación de oportunidad de instrucción para todos.

Más allá de las declaraciones retóricas, ¿sirven para algo las cumbres de los Países de la América Latina? Me cita un resultado concreto.

Las cumbres regionales son oportunidades, sobre todo para que los leaders construyan un diálogo y confianza mutua. Sus resultados prácticos son patentes en la consolidación de la integración regional con el Mercosur y el aumento del comercio regional. Más recientemente el UNASUR ya ha demostrado su valor a través de una acción eficaz para contener la amenaza a la estabilidad boliviana en un momento de gran tensión política.

Ha causado estupor verla recibir al presidente de Irán, un dictador cuya victoria electoral ha sido puesta en tela de juicio y que ha reprimido sangrientamente la oposición. Sorprende que alguien que ha luchado contra una dictadura se doble a ésta. ¿Qué tiene que decir?

El presidente de Irán Mahmud Ahmadineyad se ha presentado a las elecciones y ha conseguido el 62% de los votos. A pesar de las discusiones de la oposición, se han celebrado elecciones dentro de reglas en que no se ha vulnerado la Constitución del País. Tenemos con Irán una relación comercial densa y no creemos que poniéndolo contra la pared lo atraeríamos a las buenas causas. Es necesario crear un espacio para el diálogo y la conversación, para no provocar una reacción opuesta.

Brasil se ha empeñado mucho en la crisis en Honduras y poco o nada en la tensión entre Colombia y Venezuela. ¿Por qué? ¿Visto con la perspectiva del tiempo, no ha sido un error dar guardería en la embajada brasileña al presidente Zelaya?

En el caso de Colombia y Venezuela, Brasil ha desarrollado a muchos niveles, comprendido el UNASUR, una actitud moderadora y ha llegado a proponer un esquema de monitorización de la frontera, también con la colaboración de España. En cuanto al golpe contra el presidente Zelaya, la posición brasileña ha estado clara, en sintonía con nuestra tradición diplomática y con las manifestaciones de la comunidad internacional; no hay màs lugar para los golpes de Estado en América Latina.

Su ministro y candidata Dilma Rousseff no tiene su carisma. ¿Cree que ésto puede perjudicarla en las elecciones del próximo octubre?
Veo la perspectiva electoral con mucho optimismo. Tenemos a una candidata de grandes cualidades, que conoce muy bien el gobierno y tiene una gran sensibilidad social, gran capacidad de liderazgo y gestión de la máquina pública.

REAL BOOM, EURO EN PICADA

El Real, que ayer era cotizado 2,29 euros, después de haber tocado cuota 2,19, ha alcanzado el máximo historiador sobre la moneda europea, que es hundida bajo los golpes de la divisa brasileña en las últimas semanas. Son tan solo un recuerdo las cotizaciones alrededor de 3,40, con pico de 3,43, que se registraron al final del 2008, en llena crisis financiera internacional.
¿Cuáles son las razones del fenómeno? Si de un lado el uniforme del Viejo Continente se encuentra ciertamente en la fase más difícil desde cuando ha sido creado", para decirla con el cancelliera alemana Angela Merkel, "los elevados déficites de Grecia y la pérdida de credibilidad", las exportaciones y las importaciones verdeoro, en el mes pasado, han hecho registrar el récord de siempre para el mes febrero. El ejecutivo del Ministerio del Desarrollo Welber Barral ha notado que el aumento no se ha visto sólo respecto al 2009. año señalado por las conocidas turbulencias financieras, sino también con respecto al 2008, que ha sido un año "excepcional". El incremento ha tocado sobre todo el import, crecido del 50,8 por ciento con respecto a febrero del 2009, mientras el export, con respecto al mismo período, aumentò del 27,2. Barral ha en fin explicado que en Brasil existe una correlación estrecha entre importaciones y exportaciones, con los estrenos que tienden a crecer ogniqualvolta se registra un aumento de las segundas.

LA BOLSA DE SAN PAOLO PRIMERA AL MUNDO POR CRECIMIENTO

En un momento en que todos los países registran una fuerte crisis las empresas y la bolsa brasileña estan en fuerte aumento

(ANSA) SAN PAOLO, 27 DE OCTUBRE. La Bolsa de San Paolo (BM&F Bovespa) ha hecho registrar en los últimos doce meses un crecimento del 121% en reales y de 188% en dólares, el más alto al mundo después de la crisis global.

El índice Bovespa bajó a 29.435 puntos el 27 octubre del 2008, en consecuencia de la deflagración de la crisis global, y ja llegado hoy a 65.470 puntos. El valor de mercado de las 443 empresas cotizadas al Bovespa fue de 1,1 mil millones de reales, màs o menos de 440 millones de euros, y ha llegado hoy 2,3 mil millones de reales.

De las acciones más fuertes a San Paolo, la empresa minero MMX ha crecido del 473%, el Banco do Brasil 178%, el Petrobras 115% y la Vale do Rio Doce 111%. Los commodities como petróleo y minerales tienen la parte del león en la Bovespa: el solo Petrobras representa el 18% del valor total. Con respecto al 188% de San Paolo, la Bolsa de Bombay ha subido del 119%, aquella de Hong Kong del 105%, la de Ciudad de México 82% y Shangai 81%. La Bolsa de Francfort ha reconquistado el 53%, Londres el 40%, el Dow Jones el 20% y el Nasdaq el 42%. Según los observatorios, las razones del estampido de Bovespa son la fuerte entrada de capitales extranjeros en Brasil, la arquitectura macroeconómica demostrada muy sólida durante la crisis, el parco empresario muy diferenciado, recursos naturales entre las mayores al mundo y un buen nivel de servicios.

FUENTE (ANSA)

¿Recesión / La crisis? En los Emergentes no se siente. En Europa uno de dos es pesimista.

¡Se duerme por fin! Ya porque con la crisis económica, según lo que dicen importantes organizaciones internacionales como Ocse y Fondo Monetario Internacional los consumidores de todo el mundo pueden volver a dormir sueños tranquilos. Según el Doxa, en efecto, que ha vuelto apenas públicos los resultados de un estudio del grupo Win, Worlwide Independent Network Of Market Research, partidario en 22 Países del mundo y que tiene monitorada la percepción de la población con respecto a la crisis económica en curso, al menos uno sobre dos de los entrevistados, el 54%, ha sufrido de al menos una de estas cuatro molestias psicológicas, considerada consecuencia dirigida recesión: molestias del sueño, 26%, de ansiedad, 40%, depresión, 18%, y estrés, 40%. Y han padecido principalmente de los ciudadanos de Japón, Rusia, Líbano, EE.UU. y México mientras en medida menor la población de Holanda, Austria, Italia, España y Brasil.

La búsqueda toma en examen los muchos ámbitos económicos tocados por la crisis (renta personal, mercado inmobiliario, estabilidad de los bancos y el mercado accionario, cortes a los gastos, confianza en los gobiernos) e indaga sobre los efectos psicológicos que produce en los ciudadanos. En general la búsqueda emerge que Brasil, Canadá e India son los Países que padecen menos la crisis, en los que el nivel de optimismo es superior o igual a la media y también los cortes a los gastos y las consecuencias psicológicas son más contenida. Los más golpeados son en cambio Francia, Japón, México, Argentina e Islandia.

Por cuánto concierne el futuro de la investigación resulta que los consumidores estan reconquistando lentamente confianza en las condiciones financieras del propio País y que el nivel de pesimismo ha disminuido considerablemente, con respecto a la investigación anterior dobla en marzo del 2009. Casi la mitad (45%, de los entrevistados) cree que la situación económica quedará inalterada en los próximos tres meses, mientras el 19% piensa que mejorará y el 31% que empeorará. Y también crece la confianza en la estabilidad y solidez del mercado accionario. Relativamente a los consumos, al menos uno sobre dos, el 54%, declaran de haber cortado los gastos, sobre todo de ropa, calzado, accesorios y diversiòn.

FOCUS ITALIA. Sintetizando los resultados de la investigación Doxa sobre un campeón de unos 1000 entrevistados, Italia se coloca entre los Países que el nivel de pesimismo es bastante alto, con cortes a los gastos consistentes. Aunque no han habido grandes efectos sobre la salud psicológica de la población. En el específico de la búsqueda emerge que casi la mitad de los italianos,(49%) está convencida que la situación económica de Italia quedará inalterada en los próximos seis meses, mientras el 31% cree que empeorará. Sólo el 17% de los entrevistados es optimista y convencido que las condiciones financieras del País mejorarán.

Fuente http://www.affaritaliani.it/

EL LLAMADO PERMISO DE RESIDENCIA

Indudablemente es uno de los temas más candentes para quien desea invertir o sencillamente residir en Brasil. El hecho de tener propiedad o cuotas de sociedades brasileñas no da derecho a la residencia. No está permitido quedar como turista más de 180 días, durante los doce meses que transcurren desde la primera entrada. Eso significa que si habéis estado en Brasil desde junio a diciembre, tendréis que esperar junio del año siguiente para regresar. Algunos trucos, tipo cambiar el pasaporte si se entra por fronteras terrenales funcionaba tal vez hace algunos años, pero eran y son sumamente peligrosos e insensatos en cuanto se quebranta la ley, además pueden crear problemas si se cree sucesivamente solicitar el permiso de residencia. Además, analizad bien el factor residencia a nivel fiscal, en cuanto en teoría también se ha tasado sobre las rentas procedentes del extranjero, a menos que no sea posible aplicar los tratados sobre la doble imposición. ¡La temática es ampliamente descrita enbre la guía "Invertir en Brasil! ¡Qué hacer y que no hacer!

Existen más de cuarenta tipos de visados de permanencia diferente, aunque pocos abogados lo saben. Entre estos hay algunos de tipo administrativo, o bien a discreción del funcionario, por ejemplo aquel por "convivencia", que puede concernir también a personas del mismo sexo. También aquí un buen abogado es necesario. Queremos subrayar la existencia de los más de cuarenta tipos de visados porque a menudo encontramos a personas que dicen: me caso para conseguir la visa y quizás no reflejen sobre el hecho que la boda es un contrato real.

Además, el fenómeno, no propio marginal, de las bodas ficticias o simuladas, aquellas que puntan exclusivamente a la obtención del permiso de residencia, soy la mayor estupidez que se pueda hacer. Daréis dinero a una chica, no lograréis conseguir la visa porque la Policía Federal os atormentará haciendo serias y profundas verificaciones, lo hace aunque la boda no es ficticia, y luego tendréis que pagar para anularlo o el divorcio.

Obviamente si estáis de veras enamorados por os aconsejamos absolutamente, para garantizar vuestros bienes, de estipular un válido contrato prematrimonial; no aquellos estándares del "cartorio" o sea el estudio notarial brasileño. Si es posible, presentádla solicitud de la visa en Europa, pasaràn solo tres meses contra los posibles
 tres años de Brasil.

VISA PERMANENTE POR BODA

Los casos pueden ser diferentes:

1) *boda celebrada en Europa con ciudadano/a brasileña y solicitud del visas al consulado brasileño* .

Tal situación solicita ante todo la emisión del permiso para la parte brasileña que quiere casarse en Europa y tiene que ser hecha en la jurisdicción del ayuntamiento en que reside la parte europea.
 La parte brasileña por la obtención de la atestación tendrá que producir: dos declaraciones firmadas por dos testigos, que pueden ser hechas en Brasil en cartorio o en Europa por ciudadanos de cualquier nacionalidad, el modelo a rellenar se descarga en el sitio de los consulados, registro de nacimiento original emitido por no más de seis meses, pasaporte y copia de un documento de identidad de la persona

Europea a casarse. Con el permiso del consulado y el pasaporte es posible casarse en Europa, la cosa importante es que ni
para el permiso ni para el matrimonio se necesita el permiso de residencia. Hecha la boda es necesario registrarla al despacho del estado civil el consulado y con el certificado de grabación unido al fichero jdicial, cargadas pendientes, otros documentos emitidos por el ayuntamiento y una declaración del esposo o la esposa es posible solicitar la visa permanente que será puesta en el pasaporte del solicitante por el despacho consular, hacen falta mínimos dos meses de la tramitación de la pregunta para conseguirla.

2) *boda celebrada en Europa con ciudadana/o brasileño y solicitud de las visas a a la policía federal en Brasil.*

Es posible en Europa, entrar de turista en Brasil y solicitar la visa permanente directamente a la policía federal en Brasil, en tal caso la boda celebrada en Europa tendrá que haber sido antes registrada en
el consulado y luego al competente despacho civil en Brasil, sólo después de tal última registraciòn la boda tiene plena validez legal en Brasil y es posible presentarle a la policía federal la solicitud de visa, pedida de permanencia definitiva com base em casa de vecindad, documentos generalmente necesarios en tal caso son el registro de boda, copia autenticada en cartorio de todas las páginas del pasaporte, certificado general del fichero judicial legalizado en fiscalía y luego en consulado brasileño en el pais de la boda y traducido en Brasil, foto se afilia pareja, copia autenticada en cartorio de documento de identidad de la pareja brasileño e impuesto de permanencia de unos 40 euros. Si toda la documentación es en regla será emetido un permiso provisional de permanencia vàlido hasta la decisión final sobre la solicitud efectuada, que será dada obviamente por el resultado de algunos controles de la policía federal, el efectivo carné de identidad para extranjeros también podrá llegar después dos o tres años.

3, boda celebrada en Brasil con ciudadana/o y solicitud del visas al consulado brasileño en el pais europeo.

Es posible casarse en Brasil, regresar a Europa y solicitar la visa permanente al consulado brasileño en tal caso no es necesaria ninguna transcripción en cuánto la boda ya tiene plena validez habiendo sido celebrada en Brasil, además de una fotocopia auténtica (ralea en cartorio en Brasil o al mismo consulado) del certificado de boda es necesaria una declaración de la parte brasileña y otros documentos que se producen en Europa.

4) *boda celebrada en Brasil con ciudadano/a cittadino/a brasileño y solicitud de visas a la policía federal en Brasil.*

Es posible entrar a Brasil de turista, con toda la debida documentación, casarse en Brasil y presentar directamente la pregunta de visapermanente a la policía federal. En tal caso hace falta estar atentos a no hacerse faltar todos los documentos necesarios sea para la boda que para por la siguiente solicitud de visa. Para casarse será necesario producir en Europa e certificado de nacimiento con maternidad y paternidad y el certificado acumulativo de estado libre, ciudadanía y residencia de legalizar en prefectura y luego al consulado brasileño y sucesivamente traducir en Brasil, luego cuando se està en posesión del certificado de boda es necesario tener todos los demás documentos ya indicados al punto 2.

La validez de los documentos hechos en Europa es de 90 días, tiempo más que suficiente a despachar ambas las prácticas.

A menudo los documentos pueden variar de Estado a Estado y también de cartório a cartório en el mismo ayuntamiento. Sea los cartóri que la policía federal pueden solicitar documentaciones adicionales, por lo tanto el consejo mejor siempre es aquel de informarse directamente en el despacho donde se desarrolla una determinada práctica.

En primera fase en el caso de "pedido de permanencia definitivo com base em casa de vecindad" no es concedida una "visa permanente" sólo un permiso provisional, la policía en caso de boda hará los debidos controles finalizados a averiguar que la boda sea real. Otra cosa que no todos saben es que a partir del en que se tiene en mano el permiso provisional hasta la notificación de la ocurrida concesión de la permanencia definitiva se es obligado a quedar en Brasil y no se puede estar fuera del país por más que tres meses consecutivos.

La "Resolução Normativa n º 45, de 14 de março de 2000" preve la visa permanente por traslado de jubilación lo consigue el jubilado extranjero que decide vivir en Brasil, la jubilación tiene que tener uno alguno importe mínimo que es posible de ver puesto al día sobre el sitio de la policía federal, http://www.dpf.gov.br .

Otro caso de visa permanente es aquel de un hijo en Brasil

Quien tiene un hijo en Brasil, y por lo tanto ciudadano brasileño consigue la visa a condición que el hijo viva con él, o si vive con otra persona, por ejemplo con la madre, tiene que depender económicamente del padre, en práctica el padre lo debe sustentar económicamente; en efecto tal tipo de visa es justificada en el interés y sustentación del menor.

Último caso puede ser aquel de obtención de un visa permanente por convivencia, una señal de civilización de cuyo deberíamos tomar un serio ejemplo, que de la posibilidad de permanencia a quién a lo mejor está en espera de divorcio o, por varios motivos no puede contraer matrimonio; puede ser concedida la visa a una persona extranjera que tiene una estable convivencia con un ciudadano/a brasileño y lo/a sustente moralmente y económicamente. Los controles son serios y la convivencia tiene que ser efectiva, no basta una simple declaración de la conviviente y es necesaria instituir una práctica cerca del "agujero", tribunal, en Brasil que homologas la situación de pareja de hecho con una sentencia. Sucesivamente con tal certificación y otros documentos la Policía Federal puede conceder una visa permanente que queda siempre vinculada a esta unión. Para tal tipo de práctica es necesario dirigir a un abogado, en cuanto la tramitación es compleja.

Pasando a los visados temporales, como precisado arriva, existen muchos y pueden representar una válida alternativa momentánea a quien quiere intentar el traslado definitivo en Brasil, el sitio del consulado de Milán www.consbrasmilao.it tiene la página dedicada muy clara y completa de informaciones en mérito. Uno de los tipos de visados temporales más frecuentes es aquel por trabajo; la práctica debe ser iniciada en Brasil por la empresa quel lama el trabajador y la visa es puesta en Europa en el el pasaporte del llamado por el consulado brasileño, hace falta que la empresa en Brasil presenta documentos, el fuero laboral y certificar un título de estudio o experiencia idónea a la tarea laboral por que el llamado se irá a Brasil, este tipo de visto es concedido en valoración a la necesidad de entrada en el país de mano de obra especializada y es valorado de caso en caso. Los documentos pueden ser mandados por el también llamado por puesta por Europa a la empresa que luego completa la práctica en Brasil cerca del ministerio del trabajo, este último da al consulado un permiso para poner la visa en el pasaporte del llamado, a este punto el beneficiario entra a Brasil con la visa y el ya aprobado fuero laboral.

De recordar en todo caso que no todos los visados sólo se consiguen presentando los documentos previstos, todos están sometidos a las decisiones ministeriales, pueden ser requeridas documentaciones suplementarias a discreción de los funcionarios destinada al control y/o a la liberación de la visa , frecuentes son serios controles de la policía federal finalizados a averiguar que las situaciones que da derecho al visto existan de hecho y no sean ficticias; por ejemplo, se sabe que muchas bodas son ficticias y por lo tanto el control sobre la efectiva convivencia cerca del domicilio de los novios siempre existe, como pueden existir controles sobre los lugares de trabajo, sobre las inversiones, etcétera Si es descubierta una situación ficticia pesadas son las sanciones que pueden llevar a la expulsión y/o a pagos de varias sanciones. E

Brasil la expulsión es permanente y el procedimiento de revocación es largo y complejo.

Concierno a las informaciones y a los procedimientos sobre los consulados brasileños en Europa podemos afirmar por directa experiencia que los mismos hacen un óptimo trabajo, dando la mejor disponibilidad, pero es ingente la cantidad
de trabajo que tienen y la cantidad de personas europeas y brasileñas que tienen que asistir, por lo tanto a menudo los tiempos de algunas prácticas no son breves.

Reglas generales para   por la validez de los documentos europeos en Brasil

- Todos los documentos concedidos por el Ayuntamiento, de las Estructuras Sanitarias, las estructuras escolares, etc., tienen que ser legalizados en Prefectura.
- Todos los documentos concedidos por el Canciller del Tribunal o en Fiscalía tienen que ser legalizados en Fiscalía, o sea aportar a la firma del procurador o sustituto procurador)

Por fin, tales documentos tendrán que ser legalizados luego también en el Consulado de Brasil en la jurisdicción de pertenencia.

Cuando se legalizan los documentos en Prefecturas y Fiscalías cerciorarse bien que la firma de quien legaliza el documento haya sido depositada al consulado de Brasil de competencia, en cuánto, en caso negativo el documento no será en legalizado en consulado.

Ningùn documento europeo sencillamente traducido en Brasil, incluso por traductor jurado, tiene valor legal si no se sigue este procedimiento. En algunos casos podrían ser también aceptados pero si se trata de prácticas de ministerios o policía federal hay que atenerse bien a tal procedimiento.

ENCAMINAR UNA ACTIVIDAD ECONÓMICA

No es necesario ser domiciliado para encaminar una actividad económica en Brasil: bastará con presentar la copia del pasaporte traducida por un traductor jurado y el cpf ("cadastro de pessoas físicas") algo análogo al código fiscal brasileño. Para iniciar una actividad es necesario constituir una empresa; ésta puede ser "individual", "limitada", la que puede optar por la declaración "simple" en ciertos casos y pagar un cinco por ciento sobre las entradas, o bien puede tratarse de un "sociedade anònima." Este última no tiene nada anónima, es una real SA. Pénsad bien antes de abrir una pequeña empresa: según el Sebrae, la entidad que presta ayuda a las pequeñas empresas, hace falta cumplir a 55 obligaciones para entrar en función, 41 para normalmente funcionar y once para cerrar. Y son estas ultima las màs "peliagudas" .

¿Cómo hacen los brasileños a defenderse de la burocracia? ¿Son obligados a vivir codo a codo con abogados y asesores fiscales?

Antes de abrir un restaurante, cyber café y otros, hay que informarse bien con un asesor fiscal, sobre cuales sean las mejores opciones. La empresa "individual" es muy peligrosa porque el patrimonio personal de cada uno contesta por eventuales deudas de la actividad; cosa que no sucede en el "limitada", donde la responsabilidad de cada socio es nota limitada a su cuota accionaria. Cuando se constituye una sociedad, debe ser tenida cuidado con el contrato social, que generalmente favorecen al socio brasileño. Una cosa que allí no vendrá nunca dicha en consulado o por las autoridades locales es que, para obrar en Brasil, es posible usar una sociedad extranjera, también offshore, para garantizar la anonimidad de los socios. Podrá emplearse un despacho de representación en caso de operaciones de inversión o bien una sucursal, en caso de actividad comercial directa al público. El empleo de una sociedad extranjera os permitirá, si deseara, de no aparecer y de administrarla más facilmente, specialmente en caso de cierre o venta. Es importante precisar que el empleo de la sociedad extranjera no es dirigido a despachar los impuestos, que deberán ser vertidos del mismo modo.

¿En Brasil se pagan demasiados impuestos?

Brasil es un poco como la Europa de hace treinta años: muchas leyes y pocos que las aplican. Con el gobierno Lula el País está intentando recientemente "rehacerse" la cara y ahora quién no paga los impuestos empieza a caer en las redes de la "hacienda" local. Los extranjeros están entre los primeros, pero todo depende de la actividad realizada. El problema es que un diez por ciento de la población que paga los impuestos tiene que sustentar el otro noventa por ciento que vide de subsidios o de trabajo negro.

Existe un acuerdo internacional finalizado a evitar el fenómeno de la doble imposición, sobre todo para prevenir las evasiones impositivas en materia de impuestos sobre la renta, Italia y Brasil han firmado un acuerdo, entrado en vigencia en el 81' este se aplica a las personas a físicas y jurídicas domiciliados en dos Países, cualquiera sea el sistema de cobro. En Brasil la convención se aplica, en buena sustancia, al impuesto federal sobre la renta; es excluido por lo tanto el impuesto sobre las remesas excedentes y sobre las actividades de menor importancia. En Italia se aplica a los impuestos sobre las rentas de las personas físicas y jurídicas y al impuesto local sobre las rentas. Sin embargo el problema principal no son los impuestos sino los pequeños impuestos, las multas y los intereses, que son recurrentes a causa de la burocracia.

Para depositar los propios ahorros en un banco brasileño es solicitada la prueba de la "residencia" . ¿Pero se tiene que ser efectivamente domiciliado en Brasil?

Este es otro de los "grandes mitos": decir que el no domiciliado no puede tener una cuenta en el banco. El problema es que los bancos no quieren abrir cuentas a los extranjeros y ponen mil dificultades. No, por ley y teniendo los requisitos, también un turista puede abrir una cuenta bancaria en Brasil. ¡Además en la guía práctica "Invertir en Brasil! ¡Qué hacer y que cosa no hacer!son publicados los reglamentos que lo permiten. Se puede hacer en una semana y hace falta presentar, además del código fiscal brasileño o sea el ya emplazado cpf, la asillamada "prueba de residencia": ésta puede consistir en un recibo de luz, agua o teléfono o bien en un contrato de alquiler registrado. Obviamente también querrán la copia y la original del pasaporte y del formulario de entrada y salida. Éstos también son los documentos requeridos para adquirir un coche y ponerlo al proprio nombre. Para la adquisición de inmuebles o cuotas accionarias de una sociedad bastan el cpf y el pasaporte.

BRASIL CONDUCE LA CARGA DEL G20

Brasil toma la guía de los países emergentes que se oponen al poder occidental. Un camino que lleva por fuerza hacia una importante redefinición de las relaciones en ámbito comercial.

Hay quien dice no, cantaba Vasco Rossi. Era el lejano 1987, el término globalización queria decir poco o nada, los italianos votaron contra las centrales nucleares y Brasil salió sobre las rodillas de una larga dictadura militar. Dieciséis años más tarde, a Cancún, en México, con ocasión de la cumbre del Wto (la organización mundial del comercio) a pronunciar aquel no han sido otros, los Países en desarrollo. Pero lo "han cantado" con la misma, indistinguible fuerza del artista de Zocca. Si para la canción de Vasco "hay algo que no va en este cielo", para los representantes del Sur del Mundo, más o menos industrializado, intervenidos al encuentro de principios de septiembre, las injusticias estan sobre la tierra, dónde el occidente quiere imponer las reglas del juego y el comercio absolutamente inicuo.

De otra manera hace tres lustres, en cambio, cuando los "pequeños" estuvieron completamente sometidos al poder americano y soviético, ahora hay la posibilidad de levantar la cabeza y denunciar los abusos, encomendándose a la creciente autoridad de las potencias emergentes: China, India, Sudáfrica y Brasil. Del resto los tiempos cambian: los italianos, cómplice el black-out eléctrico, se han convertido en ya desatados hinchas de la energía nuclear, mientras que Brasil tiene gobierno, ideales y perspectivas mucho más prometedoras. Tan prometedores de consagrarlo a líder del G20, el grupo de los veinte Países emergentes, entre los cuales, además de aquellos ya emplazados, también Nigeria, Indonesia y Turquía, que se han opuesto al poder occidental, contrastando a Cancún las instancias estadounidenses con mayor eficacia con respecto de Europa.

"Somos la aleanza que tiene la más gran legitimidad económica y social al mundo y a una gran porción del la opiniòn pùblica del planeta está de nuestra parte", ha dicho Celso Amorim ministro del comercio brasileño. "El G20 representa el 51% de la humanidad, el 60% de los mercados agrícolas y el 63% de todos los labradores", le ha hecho eco el presidente carioca Luis Ignacio Lula da Silva.

Se trataría, en fin, al menos de la tercera fuerza comercial mundial después de Estados Unidos y el Viejo Contenente: una formidable máquina de guerra. Y el espantajo, para Robert Zoellick, representante EE.UU. por el comercio extranjero, es representado justo por Brasil que a Miami, en noviembre, se opondrá firmemente al alca, el área de librecambio comprendente las dos Américas, de los hielos de Alaska a los de la Tierra del Fuego, fuertemente querido por América.

Lula, que tiene más veces recordadas la importancia del Mercosur, preferiría en efecto un sistema multilateral, de modo de evitar los desastres sociales y económicos causados a México por la Nafta, el acuerdo de liberalización comercial relativa a Centro América. Por su parte Amorim, muy sabiamente, tiene más veces enfriadas los entusiasmos del post-Cancún, afirmando que "la verdadera victoria consiste en el hecho que la propuesta del G20 sobre la agricultura ha sido legitimada y representará la base de la cual repartir a Ginebra." La verdadera quiebra de la última cumbre WTO, en efecto, no reside en la suspensión del "Singapur issues", el paquete para la liberalización de las inversiones sobre el que se han estancado definitivamente las negociaciones, sino en la obtusa defensa, de parte de Europa y Estados Unidos, del proteccionismo en campo agrícola.

Los subsidios millonarios concedidos por la Casa a Bianca a los productores americanos de algodón "drogan" la formación de los precios a nivel mundial tal como las enormes excedencias alimenticias volcaran por las empresas del Viejo Continente sobre las plazas africanas: son estas las distorsiones que el G20, acercado por el Cairns, la asociación que agrupa a los mayores productores agrícolas mundiales, ha denunciado en Cancún, pidiendo una decidida liberalización. Ciertamente, la calle que hay que recorrer todavía es larga, si no fuera por el hecho que el mismo G20, al propio interno, presenta fuertes contradicciones. Las corrientes más progresistas se encontrarán a comodidad con el gobierno brasileño conducido por el Partido de los Trabajadores, pero no igualmente con el gobierno indio, fundamentalista y neoliberista, y con aquel chino, autoritario y ya cerca de las lógicas de mercado occidentales.

El verdadero desafío, para Lula y los grandes líderes del Tercer Mundo, será transformar un genérico acuerdo sobre la drástica reducción de los subsidios a la agricoltura del norte del mundo a un acuerdo de amplia respiración que también tutelas a los pequeños campesinos, entregados a una producción finalizada principalmente al mercado doméstico. Brasil, por ejemplo, vive una fuerte contradicción interna: el cuarto mayor exportador de alimentos representa en el mundo, pero 44 millones de brasileños tienen hambre todos los días. Todavía: el G20 podría elaborar un programa común que implique industria y servicios, funcionando de rehilete por una cooperación entre las botaduras países del Sur, extensa más allá del comercio, hasta comprender una coordinación a nivel de inversiones, circulación de los capitales además de las políticas sociales y ambientales.

El apoyo de la sociedad civil occidental (el New York Times lo profetizó al principios del año) a los Países rebeldes no faltará, tal como, de parte de la misma sociedad civil, no faltarán las críticas: Lula, que a fines de septiembre ha dejado la vía libre al empleo de las simientes genéticamente modificadas de la soja en el estado del Rìo Grande do Sur el, sabe algo. La calle, en fin, será larga, dura y llena de insidias, pero podría llevar por fuerza a una importante redefinición de las relaciones en ámbito comercial. Y, por consiguiente, a una más ecuánime distribución de la renta a nivel mundial.

¡LOS BRASILENOS…LOS NUEVOS ARABES!

EL DESCUBRIMIENTO DE UN ENORME YACIMIENTO DE PETRÓLEO PONE BRASIL A LA PAR DEL ARABIA SAUDÍ EN TÉRMINOS DE RESERVAS

Efectivamente la noticia abomba ha sido anunciada por el Petrobras, a la noticia, las acciones de la empresa brasileña en la bolsa de San Paolo han padecido un empinamiento de más allá del 15 por ciento, después del descubrimiento del impresionante yacimiento de TUPI.
Una inmensa riqueza petrolífera enterrada bajo un espeso cobertor de sal, un País que se transforma en "gigante energético" y un presidente que promete de crear a una segunda compañía petrolífera que destina sus rentas a los programas sociales. Podría parecer una invención literaria de Jorge Amado, en cambio es la crónica política y económica que llega de Brasil en estas últimas semanas.

Así Brasil está descubriendo inmensos yacimientos de petróleo. Son tan importantes que pudieran llevar el país al quinto lugar al mundo por reservas y de hacer desviar los biocumbustibles que sólo hasta un par de años eran una prioridad para la política energética nacional.

Así "el Brasil saudí" nace, una nueva grande potencia petrolífera tanto que para el presidente Lula, que ha hablado de ello a la nación, los resultados de las introspecciones petrolíferas son tan importantes que representar "un nuevo día de la independencia nacional" donde tendrá que ser el Estado a controlar estos recursos. Desde hace dos años el mar brasileño no para de revelar sorpresas. Al sur del país, bajo una menudo capa de sal que en algún punto llega a 2.000 metros y a 7.000 metros de profundidad bajo el océano, en una faja de 800 km cuadrados al ancho de los estados de Espírito Santo y Santa Catarina, se encuentran yacimientos inmensos. Así grandes de multiplicar hasta siete veces las reservas brasileñas haciéndolas pasar de 14 a más de 90 mil millones de barriles transformando el país en una potencia petrolífera de primer ordine, quizás la quinta por reservas después de Arabia Saudí, Irán, Irak y Kuwait, y sobre niveles comparables a Emiratos árabes, Rusia y Venezuela.

Es un descubrimiento que aparece tan importante de cambiar completamente no sólo el futuro energético del país, despertar apetitos y peligros, pero sobre todo esperanzas. Y tan solo ayer, lunes, el presidente Lula ha tomado la palabra abriendo las danzas que deberían llevar en tiempos breves a una ley que en las intenciones del gobierno atribuya al Estado el pleno control sobre el petróleo y redistribuya las enormes riquezas en llegada entre todos los Estados del país para hacer sí que el petróleo sea "una gracia de dios que mejora las condiciones de vida de todos los brasileños invirtiendo el provecho en tres ases fundamentales, educación, ciencia y tecnología, más allá de que en la lucha al desarraigo de la pobreza."

Todavía para el presidente "el petróleo puede representar una nueva revolución industrial donde Brasil no quiere exportar crudo sino convertirse en una de las más importantes potencias petrolquímicas del planeta." Un alba de un nuevo día para Brasil para un presidente que echa el petróleo sobre el plato de la campaña electoral para designar quién le sucederá. Lula quiere hacer aparecer claro que sólo la continuidad del gobierno del PT (partido de los trabajadores) que una mujer presenta, Dilma Rousseff, puede garantizar un efectivo progreso redistributivo contra los muchos vampiros. Entre estos los gobernadores de los Estados a lo largo de los que el petróleo se encuentra, que no aceptan de dividir las riquezas y los que el presidente ha definido a los adoradores del dios "mercado", aterrorizados por el hecho que el petróleo pueda ser utilizado en beneficio de todos los brasileños.

Petrobras ha adquirido la más avanzada tecnología del planeta. Este año ha invertido mil millones de dólares, la producción ha iniciado en marzo del 2009 y es igual a 100 mil barrioles al día y a 3,5 millones de metros cubicos de gas. A partir del 2017 la producción aumentará. Mientras tanto ha sido casi completada la construcción de una enorme plataforma sumergible, llamada P-51, equipada por 200 personas, un peso de 48 mil toneladas y una capacidad de extracción que a régimen será de 180 mil barriles de petróleo al día.

Tanta riqueza energética puede proyectar Brasil en el olimpo de los grandes Países productores, pero también puede provocar la "maldición holandesa" o bien aquella némesis que castiga a los poseedores de grandes recursos naturales. He aquí porque Lula ha anunciado la "revisión" del modelo de explotación petrolífera brasileña. Se trata de la creación de una nueva sociedad petrolífera, que Petrobras acercaría, con una misiòn bien precisa: respaldar programas sociales. La compañía sería caracterizada por una mayor presencia del Estado en la gestión de los yacimientos apenas destapados.

En realidad la zona explorada está solo una pequeña parte de la faja costera que se extiende por bien 800 km del Estado de Espirito Santo hasta aquel de Santa Caterina, potencialmente rica en petróleo y gas. Brasil está actualmente solo al 17° lugar entre los países con reservas de petróleo pero este descubrimiento lo pone al menos en 8° posición como Arabia Saudí y Venezuela, pero las reservas potenciales podrían ser muy mayores en caso de que se decidiera explorar la entera zona.

El petróleo es puesto a gran profundidad, el yacimiento Tupi se encuentra bajo 2100 metros de agua, más de 3000 metros de arena y rocas y otros 2000 metros de una dura capa de sal, pero con las tecnologías modernas no es un problema extraerlo junto al gas.

Es ipotizzabile por lo tanto que Brasil, además de ser el mayor productor al mundo de biocombustible, se volverá dentro de 3-4 años, cuando las instalaciones estén en función, uno de los mayores exportadores mundiales también de petróleo. ¿Considerando que Brasil también es rico de todas las otras materias primas, hierro, uranio, carbón, aluminio, soja, trigo, café, azúcar etc., y da la creciente relevancia estratégica, conomica y política de las materias primas, de veras como ha reconducido ironicamente The Economist el mismo dios es brasileño?

EL PROYECTO SOCIAL

La explicación del proyecto ha sido confiada a Aloisio Mercadante, senador del Pt, (el partido de los trabajadores, el mismo de Lula): "nos inspiramos al modelo adoptado en Noruega donde un fondo de 400 mil millones de dólares ha sido creado, con una filosofía distributiva dirigida a también garantizar a las generaciones futuras las rentas de la riqueza petrolífera. Justo para evitar reducirse como Arabia Saudí, Irán e Irak donde es faltada una industrialización adecuada."

Los temores de una gestión populista han sido ahuyentados en todo caso por el pragmático ministro de la Minerìa y la Energía, Edison Lobao: "La nueva ley de Lula no mellará los intereses de las compañías extranjeras operativas en los actuales yacimientos."

El Brasil es 3° pais como crecimiento de millonarios al mundo.

En el 2007, según un estudio divulgado por CapGemini y Merrill Linch, Brasil ha tenido un crecimiento del 19,1% de la cantidad de personas con un patrimonio líquido sobre 1 millón US $ en comparación al año anterior. El número de millonarios en el país ha pasado de 120.000 a 143.000.
Según tal estudio al primer sitio tenemos a India con un crecimiento del 22,7%, China al segundo sitio con un crecimiento del 20,3%. Rusia en cambio, último de los representantes del BRIC, formada nota de Brasil, Rusia, India, China, se coloca al 10° lugar con un aumento del 14,4%.
A nivel mundial el crecimiento del número de los millonarios en el 2007 con respecto del 2006 ha sido del 6%.

La clase media crece en Brasil

Como ya hemos visto Brasil está reduciendo el nivel de desigualdad en la distribución de la riqueza, alcanzando en el 2007 el mayor porcentaje en su historia de la población de Clase C, la clase media en Brasil, según una clasificación en 5 clases de A-E.

La búsqueda llevada a cabo por el FGV enseña como el porcentaje de pobreza en el país se haya reducido del 19,6% en el 2006 al 18% en el 2007 con 1,5 millones de personas que han salido de la línea de pobreza alcanzando precisamente la clase media.
La nueva clase C alcanza el porcentaje del 47,06% de la población en el 2007.
La clase media es aquella faja que va desde 1064 Reais a 4591 Reais como renta familiar.
A pesar de la crisis en acto a nivel mundial Brasil sigue creciendo.

La balanza del turismo brasileña es negativa en los primeros 8 meses del 2008

Según los datos del Banco Central (BC) en los primeros 8 meses del 2008 ya han sido gastados 7,85 mil millones US $de los turistas brasileños al extranjero. Tal suma representa un incremento del 57,5% con respecto al 2007.

Sin embargo también el gasto del turismo en entrada en Brasil ha señalado un récord con 3,86 mil millones US$ en los primeros 8 meses con un aumento del 18,46% con respecto al 2007. Tal dato es significativo porque muestra el turismo en entrada en Brasil esté creciendo bien sobre la media mundial del 7%.

A pesar de este la balanza comercial del turismo brasileña es negativa, pero en realidad tal dato es muy positivo en cuanto demuestra el aumento del poder de renta de la población brasileña que ahora viaja y gasta al extranjero mucho de más de lo que los turistas en entrada en Brasil puedan hacer.

Inversiones extranjeras record en Brasil en los primeros 8 meses del 2008

En los primeros 8 meses del año ya han entrado a Brasil 24,575 mil millones US$ de inversiones directas extranjeras (IED). La crisis financiera mundial en acto no parece por ahora haber golpeado Brasil.

Tasa de paro todavía disminuye en Brasil a Agosto de 2008 la tasa de paros en Brasil ha bajado a 7,6% según el instituto brasileño de geografía y estadística. El índice mejora sea con respecto a julio del 2008, 8,1%, sea sobre todo en relación a agosto del 2007 cuando la tasa de paro fue del 9,5%.

ECONOMÍA BRASILEÑA CRECE DEL 5,4% EN EL 2007

El producto interior bruto, PIB, ha crecido del 5,4% en el 2007 por un valor de 2,6 trillones de Reais, màa o menos de 1000 mil millones de euros, empujado por crecimiento de las inversiones

(+13,4%) que han tenido la mayor tasa de desarrollo del 1996. La industria ha crecido del 4,9%, en el sector de los servicios del 4,7%. Otro gran factor de desarrollo en el 2007 ha sido el crecimiento de los consumos interiores de las familias domiciliadas, +6,5%.

Las exportaciones han crecido del 6,6% frenadas sin embargo por la fuerte valorización del real que ha empujado en cambio las importaciones, +20,7%.

El crecimiento del PIB por el 2008 ha estado alrededor del 5%.

LA RENTABILIDAD' DE LAS INDUSTRIAS BRASILEÑAS SUPERA AQUELLAS DE LOS EE.UU.

En el 2007 el retorno sobre el patrimonio líquido de las industrias brasileñas cotizadas en la bolsa de San Paolo ha alcanzado el 16,02% y ha superado la rentabilidad de las industrias estadounidenses puntas al 14,6%

BRASIL NECESITA 27,2 MILLONES DE CASAS DENTRO EL 2020

Para satisfacer la creciente demanda de viviendas según un estudio elaborado por el Sindicado de la industria de las construcciones civiles de San Paolo, SINDUSCON SP, es necesario incrementar el ritmo de construcciones civiles.

Actualmente son construidas en Brasil 1,6 millones de viviendas al año. Será por lo tanto necesario incrementar a al menos 2 millones de viviendas al año para satisfacer las exigencias de la población.

El estudio confirma la tendencia en crecimiento de las construcciones en Brasil y las consideraciones de un ciclo expansivo previstas al menos para la próxima década.

SUELDO MÍNIMO AUMENTA A 412 REAIS EN MARZO DEL 2007

El crecimiento es del 8,52% con respecto al sueldo mínimo brasileño precedente, 380 reais. <u>Hoy en el 2010 todavía ha crecido llegando a 485 reais.</u>

BRASIL ES EL MEJOR MERCADO EMERGENTE DEL MUNDO SEGÚN CITIBANK

La reciente buena performance del mercado accionario brasileño ha elevado el peso del país, en el índice MSCI de los mercados emergentes de Morgan Stanley, al 14,95% superando por la primera vez China y Corea del Sur. Según Geoffrey Dennios, analista de Citibank, " Brasil ahora es el mayor mercado emergente accionario y décimo del mundo." Entre las industrias la brasileña PETROBRAS es la mayor sociedad emergente al mundo en términos de capitalización, al segundo lugar encontramos la rusa GAZPROM y al tercer lugar de nuevo una industria brasileña, la VALE.

BRASIL ES' UN PAÍS ACREEDOR POR LA PRIMERA VEZ EN SU HISTORIA

Brasil ha parado de ser un país deudor hacia el extranjero y se ha vuelto en enero del 2008 por la primera vez un país acreedor. Los activos brasileños al extranjero han superado la deuda. Según el Banco Central, el aumento sin precedentes de las reservas internacionales en los últimos meses y la antelación del pago de las deudas extranjeras han permitido a Brasil de volverse por la primera vez en su historia un país acreedor.

El efecto de esta nueva situación ha ayudado el Brasil a alcanzar el rating AAA en el 2009, alcanzando así las mejores economías industrializadas en términos de fiabilidad del propio sistema económico.

BRASIL AL 6° LUGAR ENTRE LOS MEJORES PAÍSES PARA LAS INVERSIONES EXTRANJERAS

En el 2007 el Brasil ha ganado una posición en el ranking elaborado por el AT Kearney sobre el índice de confianza para las Inversiones Extranjeras Dirigidas al 2007, publicado anualmente por la prestigiosa sociedad de consultoría estadounidense.
China conduce la clasificación, siguen India, EE.UU., Gran Bretaña, Hong Kong, Brasil. Rusia que forma el BRIC junto con China e India y Brasil se encuentra al 9° sitio.
Brasil es el 5° país al mundo donde mejor se invierte según una búsqueda de la ONU divulgada el 4 de octubre a Ginebra. Según el estudio las inversiones internacionales de las multinacionales crecerán en los próximos 3 años. En el escalafón Brasil es precedido por China, India, Estados Unidos y Rusia. Entre los países europeos sólo Reino Unido y Polonia representan entre los primeros 10 lugares.
La producción industrial es crecida en agosto de las 1.3% con respecto de julio y del6.6% con respecto de agosto de 2006 poniendo así a señal el 14° alza consecutiva.
La confianza de las empresas brasileñas ha alcanzado en julio una puntuación de 123.7 señalando así el récord histórico desde el 1995 cuando la confianza fue medida por la primera vez. El índice avanza del 2.9% con respecto a junio y del 15.8% con respecto a julio del 2006.
Fiat en fuerte crecimiento en Brasil. El balance del tercer trimestre 2007 en Brasil evidencia para el grupo Fiat un crecimiento del 30% a cuota 143 mil unidades, nivel aproximado del performance conseguido en Italia, 155 mil con un crecimiento del 7%, pero con una provechosidad muy superior.
La tasa de paro a julio disminuye al 9.7% con respecto al 10.1% de junio. El número de las personas ocupadas es de 20.79 millones

con un alza del 3.2% con respecto del mismo período del año pasado. El sueldo medio del trabajador es de 1119.20 Reais/mes con un incremento del 2.7% con respecto al julio pasado.
Más de 105 millones de brasileños poseen un telèfono móvil. En los primeros 5 meses del 2007 se han verificado 5.179.000 nuevas adhesiones con un crecimiento del 5,18% con respecto a los primeros 5 meses del 2006

La General Electric, GE, se dice optimista sobre el mercado inmobiliario brasileño y mejicano:
"Estamos aumentando la exposición de nuestras inversiones inmobiliarias en México y estamos tratando de entrar en el mercado brasileño; consideramos Brasil como el futuro México" , ha afirmado Joseph Parsons presidente de la GE-Real Estate. "El país se está estabilizando, el gobierno está pro-activo y bien dispuesto a las inversiones, tiene grandes recursos naturales, tiene una clase media en fuerte crecimiento y una dinámica muy positiva"

Gran posibilidad de crecimiento para el crédito inmobiliario

El ministro de la industria Miguel Jorge preve que las financiaciones para la adquisición de inmuebles tienen que alcanzar en los próximos años un valor de al menos el 10% del PIB. Actualmente Brasil alcanza en cuanto el 2% del PIB a causa de una situación histórica que ha frenado el mercado inmobiliario a causa de los altos tipos de interés y a inestabilidad económica. En Europa la media de crédito inmobiliario alcanza el 20% del PIB.
Brasil se encuentra al 9° lugar entre los países al mundo más atractivos para las inversiones según un estudio divulgado a junio del 2007 por la Ernst & Young. China está firmemente en cabeza a la clasificación mientras entre los países europeos sólo Alemania se distingue al 4° lugar.
Citigroup ve el Bovespa a 70.000 puntos dentro de un año. El acreditado grupo financiero afirmó que Brasil representa su mayor apuesta en América Latina y que no se vio ahora como nunca en

los últimos 15 años tanto optimismo sobre Brasil. "Raramente hemos visto perspectivas económicas tan sólidas."

La sociedad portuguesa Silf Energies sociedad con base en Fortaleza preve inversiones de 3,9 mil millones de dólares en energía eólica para los próximos años. Las centrales eólicas serán instaladas en el Cearà y la primera realización ya está en curso en la zona de Aquiraz (Fortaleza) y solo producirá el 20% de la energía necesaria para el entero Estado del Ceara.

Brasil retomará la construcción de Angra 3, la tercera central nuclear del país según un plan que apunta a la construcción de 7 centrales nucleares en las próximas décadas.

Bolsa

El Bovespa pone al día el récord histórico y desfonda el muro de los 51.000 puntos.

Indicadores:

La venta de coches nuevos ha registrado en los primeros 4 meses del 2007 un incremento del 22,6% con respecto a los primeros 4 meses del 2006.

El Fiat ha saturado la capacidad productiva de su establecimiento de Betim (Minas Gerais) que es actualmente el mayor establecimiento Fiat al mundo y ha contratado a ulteriores 1200 obreros. Por ahora el exceso de demanda es compensado por la importación de coches por el establecimiento de Cordoba (Argentina) pero la casa automibilistica turinés está creyendo abrir un nuevo establecimiento sobre el territorio para satisfacer la fuerte pregunta futura de autovehículos en Brasil.

La balanza comercial ha registrado en abril el mejor resultado del año con un activo de 4.203 mil millones US$. La previsión por el 2007 es de un saldo positivo de 40 mil millones US$...mientras que en Europa maniobras y maniobras para nada…

La producción industrial ha señalado en marzo del 2007 un aumento de 1,2% sobre febrero de 2007 y del 3,9% sobre marzo del 2006.

Economía nacional

"El mundo se convertirá al biocombustibile" estas son las palabras del presidente Luiz Inacio Lula da Silva al ExpoZebu 2007, "el proceso es irreversibile, y cuando éste ocurra nadie podrà competir con Brasil."

Del discurso del 1° mayo de Lula "Tengo razonas de ser optimista. Nuestra expectativa es que, con el crecimiento de la economía, y todos los números indican que la economía seguirá creciendo de manera cada vez más vigorosa en los próximos años, y con la realización del programa de aceleración de la economía (PAC), y también con la exención de impuesto que hemos hecho sobre el material de construcción civil y por la misma construcción civil, tenemos allí una potencial hora extra de generación de puestos de trabajo."

Brasil ha extinguido por adelantado las deudas con el Fondo Monetario Internacional (mientras Grecia y los PIIGS o bien Portugal, Italia, Irlanda y España...) y ha conseguido resultados muy positivos en términos de balanza comercial y detiene un nivel récord de reservas monetarias. No es ahora tan vulnerable a variaciones en el flujo de las inversiones extranjeras.

CONSECUENCIAS: El aumentado nivel de fiabilidad hará aumentar notablemente el flujo de inversiones extranjeras hacia el país. Brasil pagará menos en términos de intereses sobre la deuda. Otra probable consecuencia será la progresiva valorización del Real que podría sin embargo llevar efectos negativos sobre las exportaciones. A este punto es previsible que el banco central bajará el tipo de interés SELIC, actualmente al 12,50%, para encauzar la fuerza del Real, situación que engendrará ulteriores efectos positivos sobre la economía brasileña.

¡E RIO! EN BRASIL LAS OLIMPIADAS DEL 2016

Rìo de Janeiro ha sido elegida por el ESO para hospedar las Olimpiadas del2016.

"Somos los únicos, entre las diez economías más grandes del mundo, a no haber hospedado nunca una Olimpiada", el presidente Lula dijo. "Para los otros se trataría sencillamente de una Olimpiada más, para nosotros será una ocasión sin igual (...). Esta candidatura no es solo nuestro, sino de toda América del Sur. Un continente que no ha hospedado nunca una Olimpiada. Ha llegado el momento de corregir este error."
Una gran victoria para Lula, por lo tanto, para todo Brasil y toda Sudamerica.
El proyecto presentado por Rìo fue el más caro entre los cuatro finalistas. La previsión de gasto es de 14,42 mil millones de dólares, contra los 4,82 de Chicago, los 6,13 de Madrid y los 6,8 de Tokio.

Serán explotados 19 de los espacios erguidos con ocasión del Panamericano del 2007 y otros 11 serán construidos ex-novo.
No olvidemos que Brasil instalará, sólo dos años antes de la competición olímpica, también la Copa del Mundo de Fùtbol (Brasil 2014).

Entonces, el país salta prepotentemente a los honores de la crónica. No se trata sólo de deporte, de proyección internacional, de prestigio: se trata de giro de dinero impresionante, puestos de trabajo, turistas, un desafío realmente grande que implica también numerosos riesgos, primeros entre todas la seguridad, de los atletas y de los huéspedes y las contratas millonarias.

Es un gran, grande éxito que merece ser mencionado. ¡Caipirinha para todos!

EXPO SHANGAI 2010: PABELLÓN BRASIL

También hay proyectos de dos ciudades brasileñas, entre las 48 seleccionadas a nivel mundial, en el área del Expo de Shanghai 2010 dedicada a las Mejores Prácticas Urbanas (UBPA): se trata de San Paolo y Porto Alegre. Con 70 millones de visitadores esperados para el período de su duración, seis meses, de mayo a novembre del 2010, la exposición Universal de Shanghai se imagina como la más grande feria de las naciones de la historia.

San Paolo, con el proyecto Ciudad Limpia, se ha clasificado al cuarto lugar. Además del aspecto económico, San Paolo enseñará las varias atracciones que representan la cultura y el desarrollo de la ciudad, con particular atención a la renovación urbana y la lucha contra la polución.

Port Alegre, capital de Rìo Grande do Sul presentará en cambio un innovativo proyecto de desarrollo titulado "Gobierno Solidario Local" (Governança Solidária Local). PGSL, que punta sobre la flexibilidad para garantizar una participación amplia y facilitar la formación de redes de cooperación y partenariati eficaces. A la base del PGSL, la experiencia de democracia de partecipación de Porto Alegre, resultada de las experiencias históricas del sistema comunitario y la fuerza de la más larga participación popular en la distribución de los recursos públicos. el Balance De partecipación.

Con el tema Ciudades Pulsantes, el Pabellón del Brasil al Expo Shanghai 2010 presentará la diversidad humana y cultural de las ciudades brasileñas, el dinamismo de sus grandes metrópolis y su economía en fuerte expansión, poniendo en evidencia los sectores a alta tecnología y los principales progresos del País en el campo del sostenibilità y la inclusión social y política.

El pabellón también hospedará numerosos acontecimientos artísticos, culturales y turísticos, discusiones temáticas, encuentros de business y citas dedicadas a la gastronomía, además de una gran exposición étnica, cultural y paisajismo del Brasil atravieso foto, vídeo, música, espectáculos y comida. La narración temática será subdividida en tres áreas: desarrollo sostenible, diversità/città global, participación popular e inclusión social.

El Brasil también promoverá seminarios y discusiones con los otros Países sobre temes cuál: la energía renovable, las políticas de gestión de los recursos hídricos y la innovación tecnológica. Por los grandes foros de discusión de la manifestación, el País llevará las conclusiones del 5° Foro Urbano Mundial, tenida él en el marzo de 2010 a Recobro de Janeiro, y de la 15ª Conferencia de las Partes de las Naciones Unidas sobre los cambios climáticos, COP15, que se ha tenido a diciembre a Copenhague.

LA FRUTA DE BRASIL

Uno de los productos muy ricos en Brasil es la fruta. En la mayoría de los casos, estas no se ven frutos en nuestras mesas. La variedad de frutas en Brasil es muy alta y de excelente calidad: piña, banana, marañón, maracuyá, papayas, melones, uvas, manzanas, nueces. El Amazonas ofrece muchos tipos de frutas tropicales como bacuri, cupuassu, jenipapo, mangaba, tapereba. Las más famosas son carambola, guaraná, goiaba, maracuja, jacco.

Actualmente, Brasil es uno de los tres gigantes mundiales en la producción de frutas, con un volumen anual de 41 millones de toneladas. Debido a sus condiciones climáticas, la extensión de su territorio, la ubicación geográfica y la naturaleza del suelo, Brasil puede producir diversos tipos de frutas: en las áreas tropicales, subtropicales y templadas.

IBRAF opera en Brasil (Instituto Brasileño de Frutas), fundado en el 1990 por grandes de la industria, es una organización sin fines de lucro creada para llevar a cabo estudios de mercado, promover la formación y la tecnología avanzada en el campo de las frutas y se esbozan las directrices de la industria. Impulsar las exportaciones de frutas frescas y procesadas de Brasil, IBRAF, en colaboración con otros organismos y asociaciones, ha puesto en marcha una iniciativa llamada "Proyecto de Frutas de Brasil. Este programa de promoción afecta a los tipos de productos siguientes: mango limón, manzana,, melones, papayas, uvas, piña, plátanos, naranjas, mandarinas, melocotones, caquis, higos, fresas y melones para el consumo de fruta fresca. agua de pulpa, jugo, maní, coco y otra para los conversos. Desde el 1998 al 2006, las exportaciones de frutas procedentes de Brasil han aumentado de forma exponencial de un 170% en volumen (desde alrededor de 297.000 toneladas a más de 802.000 toneladas) y del 296% en valor (desde alrededor de $ 120 millones a más de 472 millones de dólares). Esto permitió que la balanza comercial brasileña de frutas y hortalizas (véase el cuadro a continuación) para centrar más su atención - después de varios años (1994-1998) persona presupuesto - hasta un máximo de 315 millones dólares de activos en 2005 (292 millones de dólares en 2006).

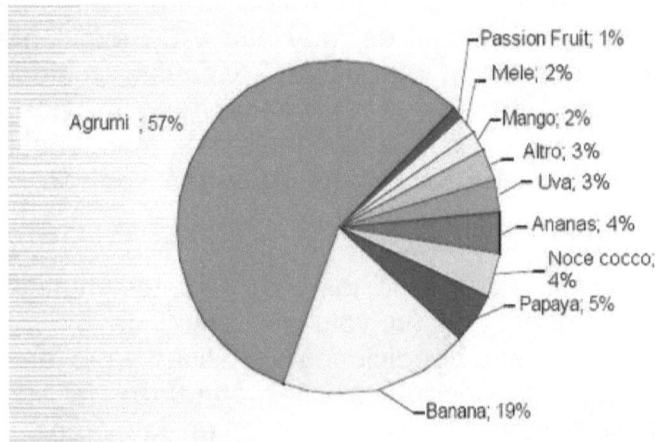

El fruto milagroso: ACEROLA

La acerola (Malpighia glabra) es un resultado increíble que nosotros en Occidente nisiquiera hemos oído hablar. Es el fruto que contiene más vitamina C en el mundo (casi 30 veces más de la naranja), también contiene antioxidantes, anti-radicales libres, muy bueno para combatir esa forma de la gripe en los que fuman, para ayudar a la absorción de hierro, es anti-viral y estimula el sistema inmunológico.

Es s una planta milagrosa que crece silvestre en América Central y del Sur, especialmente en Brasil y Puerto Rico.

Es especialmente útil por su alto contenido de vitamina C (100 gr. Acerola dan alrededor de 1.000 a 2.000 mg. De vitamina C) y porque puede combatir los radicales libres, para los resfriados, gripe, problemas pulmonares, sinusitis, y todos los problemas de las vías respiratorias, útil para problemas de hígado, y para las infecciones víricas en la hepatitis viral en la varicela, la poliomielitis y también tiene una alta actividad antioxidante, que es probablemente debida a su alto contenido de vitamina C. El uso de los frutos se usa en la diarrea (consulte a su medico).

La vitamina C no es sintetizada por el organismo y por lo tanto debe ser tomada como un suplemento, la vitamina C es esencial para la formación de colágeno, la síntesis de hormonas, la regeneración de tejidos, por su acción antioxidante es útil para el sistema inmunológico. Es una planta fundamental junto con laosa canina por su alto contenido de vitamina C para los fumadores, cada cigarrillo que se quema de grandes cantidades de vitamina C. La vitamina C estimula la síntesis de ácido fólico y la regeneración del tejido efecto, previene la formación de nitrosaminas (cancerígenos), mejora la absorción de hierro.

Guaraná

El Guaraná (Paullinia cupana Kunth) es una planta trepadora, perenne, nativa de la selva amazónica. En estado salvaje puede llegar a doce pies de alto, puede ser apoyada en árboles del bosque (sin crear ningún tipo de daño a otra planta), o permanecer de pie sin apoyo. Pero cuando se cultiva para uso industrial, se requiere en forma de árbol o arbusto, que no supere los dos o tres pies, para facilitar la recolección de su semilla. El Guaraná tiene una larga historia. Era una planta sagrada para muchas tribus de indios. Debido a su "extraño" resultado, alrededor de esta pequeña planta, que quizás de otra manera pasara desapercibida, se crearon numerosas leyendas y mitos.

Hay leyendas de un tiempo muy remoto. Una de ellas tuvo como protagonista a una mujer joven que busca un alma gentil, su nombre era Cereaporanga y fue protegiao por la diosa de la belleza y la vida. Un día Cereaporanga se encontró con un valiente guerrero de una tribu enemiga y se enamoró de él. Su amor superará todo, pero los dos amantes nunca serían capaces de detener el odio que existe desde hace años entre las dos tribus, por lo que decidieron huir juntos para ser feliz. Durante el viaje Cereaporanga conoce a una anaconda herida y, a pesar del peligro, su dulce corazón la llevó a ayudarla, la curó con todo su afecto, pero no sabía que este gesto habría sido fatal.

Debido a este "descanso", los guerreros de las tribus se acercaron más y más, entonces, consciente de ser perseguid y con la certeza de que su hombre fue capturado y asesinado, estableció un pacto de amor y muerte, pidió a la gran serpiente, con todas sus fuerzas, en su último abrazo.

Los indios, al ver a los dos amantes en su acto final, y por la desesperación por la muerte de su protegido pidieron de inmediato la ayuda de la diosa de la belleza y la vida que por lo menos no abandonara el espíritu de la mujer, por lo que la diosa, conmovida por el gesto de Cereaporanga, dio a luz con sus ojos una planta cuyos frutos parecen, a la apertura, dos hermosos ojo snegros, al igual que los de la muchacha más hermosa.

Guaraná ha sido considerada por los indios como un elixir de la vida, su importancia fue alta en todas las diversas tribus, ya que las plantas les dieron de comer y los medios para el tratamiento de enfermedades, preparar y apoyar el cuerpo.

Su uso se centró principalmente en el efecto tónico-estimulante y por lo tanto se utilizaba para aumentar la resistencia física, la caza, etc. Muchas tribus de indios, sin embargo, fueron más allá de este efecto aparente y el guaraná se uso para combatir la diarrea, para aliviar el dolor menstrual, para las enfermedades que debilitan y para poder ver y entender las cosas que nos rodean; sin duda un propósito relacionado con el hecho de que la planta tenga ojos para ver.

Se utilizaban exclusivamente las semillas y cada tribu tenía su propio sistema para prepararlas. Pero, en general, los indios brasileños solian usar todos la misma preparación: recoger la uva, la elección de los frutos cuando están semi-abiertos los cuales se colocan en recipientes con agua fría para extraer la piel, y después de la limpieza , se asan a fuego lento en el mismo día de la recolección; posteriormente triturados.

Reducción a polvo de las semillas, se agrega un poco de agua, sin dejar de aplastarlos para formar una pasta suave. Esta pasta le da una especie de "pan" y se mete al sol, después se pone a fumigar en la resina de madera. Luego el pan se raya cuando se necesita.

En los preparativos de Venezuela, sin embargo, las semillas se quitan de las conchas trituradas en agua caliente, enriquecida con harina de mandioca, que se deja fermentar durante un tiempo y se mezcla con agua hirviendo hasta obtener una pasta que se seca y se fumigará. El guaraná es ampliamente utilizado en América del Sur para la preparación de una bebida gaseosa famosa, ligeramente efervescente, acaba de llamar "guaraná", similar en apariencia y el sabor de los diferentes tipos de bebidas a base de cola, que tiene un estimulante sutiles y un sabor dulce. Para su uso medicinal se encuentra en tabletas, barritas o, mejor aún, en polvo. Recientemente, el mercado europeo también se encuentran en el mercado de dulces y chocolates hechos de guaraná.

Composición química: (en semillas secas)

La fibra vegetal	**49%**
Almidón	**9%**
Agua	**8.7%**
La pectina, dextrina, minerales, ácido málico	**7/8%**
ácido tánico*	**5%**
Guaranina (cafeína)	**4/5%**
aceite fijo	**2/3%**
pyro ácido guaraná	**2%**
La glucosa al	**1%**
saponina	**0,06%**

* Guaranatina o ácido guaranatannico, similar a la tuerca Kolatina Kola. La teobromina se encuentra en las flores, hojas y corteza, pero las semillas no.

Indicaciones terapéuticas
Las propiedades del guaraná son innumerables, ampliamente probado, documentado y, en función del tema, un efecto prevalece sobre otra. Sin embargo, gracias a su alto contenido en principios activos naturales se manifiesta por una sensación de bienestar inmediato, fácilmente reconocible; la temperatura del cuerpo alcanza un nivel ideal y permanece en su estado normal.
Es un reto y ayudas muy eficiente en todos los estados de depresión nerviosa, somnolencia, adinamia infecciones consecutivas, la malaria, la digestión y es fácil de temas ipopeptici hecho, ganando con el dolor de cabeza comidas consecutivas de las personas con digestión lenta, por lo que también es estomacal .
Vince menudo constipación habitual, facilitando la contracción de las fibras musculares de las paredes intestinales, ayuda contra la flatulencia. Excita los centros nerviosos, por una parte, y especialmente del cerebro, que le hace más fácil la actividad y más

intensa y, por otra parte, la función circulatoria, el fortalecimiento de la contracción cardíaca, el aumento de la presión endovasale.

De acuerdo a la investigación científica, el guaraná tiene propiedades antianémico, la gripe, antineurálgicos, estimulante, analgésico, afrodisíaco, contra la diarrea y, al mismo tiempo libre de estreñimiento (desde la lucha contra las infecciones microbianas que atacan el sistema gastrointestinal, es un gran desinfectante intestinal).

Esta semilla es también un poderoso diurético y eliminar diaforético y ayuda a exceso de líquidos en el cuerpo, de hecho reduce el estímulo del hambre, por lo que es útil para bajar de peso.

También es una excelente prevención contra los males de la vejez es un excelente tónico para geriátricos.

Aquarela

Numa folha qualquer eu desenho um sol amarelo
E com cinco ou seis retas é fácil fazer um castelo.
Corro o lápis em torno da mão e me dou uma luva,
E se faço chover, com dois riscos tenho um guarda-chuva.

Se um pinguinho de tinta cai num pedacinho azul do papel,
Num instante imagino uma linda gaivota a voar no céu.
Vai voando, contornando a imensa curva Norte e Sul,
Vou com ela, viajando, Havaí, Pequim ou Istambul.
Pinto um barco a vela branco, navegando, é tanto céu e mar num
beijo azul.

Entre as nuvens vem surgindo um lindo avião rosa e grená.
Tudo em volta colorindo, com suas luzes a piscar.
Basta imaginar e ele está partindo, sereno, indo,
E se a gente quiser ele vai pousar.

Numa folha qualquer eu desenho um navio de partida
Com alguns bons amigos bebendo de bem com a vida.
De uma América a outra consigo passar num segundo,
Giro um simples compasso e num círculo eu faço o mundo.

Um menino caminha e caminhando chega no muro
E ali logo em frente, a esperar pela gente, o futuro está.
E o futuro é uma astronave que tentamos pilotar,
Não tem tempo nem piedade, nem tem hora de chegar.
Sem pedir licença muda nossa vida, depois convida a rir ou chorar.

Nessa estrada não nos cabe conhecer ou ver o que virá.
O fim dela ninguém sabe bem ao certo onde vai dar.
Vamos todos numa linda passarela.
De uma aquarela que um dia, enfim, descolorirá.

Numa folha qualquer eu desenho um sol amarelo (que descolorirá).
E com cinco ou seis retas é fácil fazer um castelo (que descolorirá).
Giro um simples compasso e num círculo eu faço o mundo (que descolorirá).

Toquinho E Vinicius De Moraes

Acuarela

En los mapas del cielo el sol siempre es amarillo
y la lluvia o las nubes no pueden velar tanto brillo.
ni los árboles nunca podrán ocultar el camino
de su luz hacia el bosque profundo de nuestro destino.
Esa hierba tan verde se ve como un manto lejano
que no puede escapar que se puede alcanzar solo con volar.
Siete mares e surcado
siete mares color azul
yo soy nave voy navegando y mi vela eres tu
bajo el agua veo peces de colores
van donde quieren no los mandas tu.
Por el cielo va cruzando, por el cielo color azul,
un avión que vuela alto
diez mil metros de altitud.
desde tierra lo saludan con la mano,
se va alejando no se donde va, no se donde va.
Sobre un tramo de villa cruzando un paisaje de en sueño
en un tren que me lleva de nuevo a ser muy pequeño
de una américa a otra tan solo es cuestión de un segundo
basta un desearlo y podrá recorrer todo el mundo.
un muchacho que trepa, que trepa lo alto de un muro
si se siente seguro vera su futuro con claridad.
Y el futuro es una nave que por el tiempo volara
a saturno, después de marte
nadie sabe donde llegara.
si le vez venir
si te trae amores, no te los roben sin apurar
aprovecha los mejores que después no volverán.
la esperanza jamás se pierde.
los malos tiempos pasaran.
piensa que el futuro es una acuarela y tu vida un lienzo que coloreas
que coloreas.
En los mapas del cielo el sol siempre es amarillo (tu lo pintaras)
y la lluvia o las nubes no pueden velar tanto brillo. (tu lo pintaras)
basta un desearlo y podrá recorrer todo el mundo. (tu lo pintaras)

Toquinho E Vinicius De Moraes

CONTACTOS:

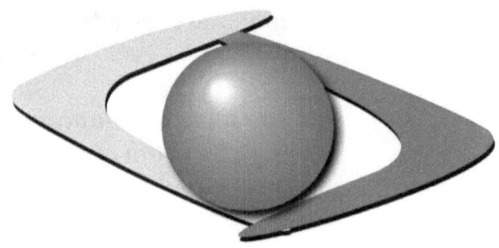

www.brazilrealproperty.com

info@brazilrealproperty.com

brazilrealproperty

MSN: msn@brazilrealproperty.com

APPUNTI

LIBROS RECOMENDADOS

Anthony Robbins
Cómo mejorar el propio estado mental y financiero

Robert T. Kiyosaki
Pai Rico Pai Pobre

Robert T. Kiyosaki
La Conspiraciòn de los Ricos

Eugenio Benetazzo
Best Before - Preparati al Peggio!

Eugenio Benetazzo
Duri e Puri

Silvano Agosti
Lettere dalla Kirghisia

En este práctico y cómodo libro se recogen rápidamente, yendo directamente al núcleo de la situación y sobre todo sin filtros, diez años de experiencia directa de Inversión en de Bienes e Inmuebles en Brasil.

**INVERSIONES EN BRASIL
QUE HACER Y QUE... NO HACER!**

Iniciemos con nuestra amplia experiencia en inversiones inmobiliarias y no caigamos en la miríada de "trucos" que inevitablemente se encontrarán en el "país de la samba", seamos conscientes de la cruda realidad. No deje que su Paraíso se convierta en tu Infierno ...
La elección es suya!

www.brazilrealproperty.com

INVERSIONES EN BRASIL

Brazil Real Property

INVERSIONES EN BRASIL

ORDEM E PROGRESSO

QUE HACER Y QUE ... NO HACER!

In questo pratico e veloce libro sono raccolti, andando direttamente al nocciolo di ogni situazione e soprattutto senza filtri, dieci anni di diretta esperienza in Brasile in materia di investimenti.

INVESTIRE IN BRASILE COSA FARE E COSA NON... FARE!

Vi permetterà di partire già con un bagaglio di esperienza in materia di investimenti immobiliari e di non cadere nella miriade di "trucchetti" che inevitabilmente incontrerete nel paese del "samba" venendo a conoscenza delle CRUDE VERITA'!

Non permettete che il Vostro Paradiso si trasformi nel Vostro Inferno...
A voi la scelta!
Abraço

Nuova Edizione aggiornata 2010
© Copyright 2008 Brazil Real Property
Tutti i diritti riservati

www.brazilrealproperty.com

ISBN 978-1-4452-1470-2

9 781445 214702

90000

INVESTIRE IN BRASILE

Brazil Real Property

INVESTIRE IN BRASILE

ORDEM E PROGRESSO

COSA FARE E COSA NON... FARE!

In this practical guide have been collected the results of a ten years experience in terms of investments that Brazil Real Property has matured in Brazil, deeply analyzing every single situation.

INVESTING IN BRAZIL WHAT TO DO AND WHAT... NOT TO DO!

It will let you get started having already a considerable experience of real estate investments so that you won't be victim of the myriad of "tricks" that you will inevitably run into, being aware of the rough truth.

Don't let your Paradise turn into your Hell... You can choose!

Editor: Brazil Real Property
2008 Brazil Real Property Standard
Copyright License
New Edition 2010
www.brazilrealproperty.com

INVESTING IN BRAZIL

Brazil Real Property

INVESTING IN BRAZIL

WHAT TO DO AND WHAT... NOT TO DO!

La Costituzione della Reppublica
Federale del Brasile interamente tradotta
in Italiano. Un supposrto fondamentale
sulla legislazione brasiliana per muoversi
nel mondo degli investimenti in Brasile.

Editore: Brazil Real Property
Copyright: © 2010Brazil Real Property Standard
Copyright License
Lingua: Italiano

ISBN 978-1-4461-4050-9
9 781446 140505

COSTITUZIONE DELLA REPPUBLICA FEDERALE DEL BRASILE IN ITALIANO

BRAZIL REAL PROPERTY

COSTITUZIONE DELLA
REPPUBLICA
FEDERALE DEL

BRASILE
IN ITALIANO

www.ingramcontent.com/pod-product-compliance
Lightning Source LLC
Chambersburg PA
CBHW032001170526
45157CB00002B/490